KB182685

성냥팔이 소녀는 누가 죽였을까?

한 그루의 나무가 모여 푸른 숲을 이루듯이
청림의 책들은 삶을 풍요롭게 합니다.

세상에서 가장 기묘한 22가지 재판 이야기

성냥팔이 소녀는 소녀는

누가 죽였을까?

도진기 지음

추수밭

출간 10주년 기념
개정판에 부쳐

출판사 편집부에서 편집과 디자인 등을 리뉴얼한다는 소식에 오랜만에 다시 이 책을 집어 들었습니다. 출간된 지 벌써 10년이 넘었다는 걸 깨닫고 조금 놀랐습니다. 그땐 따분한 법률 서적에 반발해 '세상에서 제일 쉽고 재밌는 법 이야기'를 써보자는 생각으로 시작했습니다. 거의 빙의된 상태에서 홀린 듯 썼던 것 같습니다. 창작 기간과 퀄리티가 반드시 비례하지는 않는데, 번득이는 영감에 의지해 일필휘지로 써 내려 간 작품이 오히려 좋은 평가를 받는 경우가 많았고, 이 책도 그쪽입니다. 그동안 독자들로부터 과분한 사랑을 받았습니다.

법률도 많이 달라졌으니 수정할 부분은 없는지, 돌아보아야 했습니다. 다행히 이 책은 실정법 자체를 다룬 것이 아니라 원리와 개념을 말하는 책이었기에 법의 변화로 내용이 어긋나게 된 부분이 없다는 것을 확인했고, 독자들께 폐를 끼치지 않았다는 생각에 안심했습니다. 문장을 부분적으로 수정할까도 생각했지만, 한창 물이 올랐을 때 썼던 생생한 글을 죽은 물고기 같은 지금의 눈으로 고치는 것도 좋지 않을 듯하여 그대로 두었습니다. 다만, 훗날 새로운 결말을 맞이한 개별 사건에 한해서는 따로 언급해 두었습니다.

법에 대한 시민의 관심이 나날이 높아져 갑니다. 재판에 대한 오해도 풀어야겠지만 건전한 비판도 있어야 할 것입니다. 거기에 이 책이 한 조각의 역할이라도 있기를 기대해 봅니다.

모르면 평생 답답할
법의 핵심 원리를 이야기로 만나다

법은 재미없는 미남과 비슷합니다. 곁에는 두고 싶은데, 가까이 하면 한없이 지루합니다. 신문 기사에서, 논리 대결에서, 시사 토론에서 법률 개념이 툭툭 튀어나옵니다. 견디지 못하고 좀 알아보려 책을 펴면 책갈피에 수면제라도 발라 놓았는지 눈꺼풀이 덮입니다.

군건했던 철문이 열리고 있습니다. 의학, 경제, 역사 같은 학술 분야뿐 아니라 영화, 패션, 커피 같은 삶의 스타일까지. 이들은 전문 지식의 감옥을 탈출해 대낮의 빛 아래 쏟아져 나오고 있습니다. 무뚝뚝한 법률도 이젠 골방에서 나와 대중에게 다가가야 합니다. 그런데 유독 골칫덩이인 게, 어디를 보아도 재밌는 구석이 없습니다. 누군가는 말해야 하는데, 정확하게 말할 수 있는 법률가들은 재미없게 이야기하고 재미있

게 말할 수 있는 비전문가들은 부정확하게 이야기합니다.

어떤 행동은 무슨 죄가 된다는 식으로 결론만을 알려 주는 법률 정보는 많습니다. 하지만 완성된 레고를 선물 받는 거나 마찬가지로 이런 지식은 거의 값어치가 없습니다. 법의 세계에서는 벽돌 하나만 빠져도 집의 모양이 달라지기 때문입니다. 법이 움직이는 원리를 알아야 합니다. 그래야 논리를 구사할 수 있고 신문 기사를 이해할 수 있습니다.

인수분해를 하듯 법률 용어를 풀고 풀어 가장 일상적인 언어로 이야기해 보았습니다(이를테면 '미필적 고의'는 '그래도 좋아'로 표현될 수 있습니다). 익히 아는 이야기에서 법의 '원리'를 끄집어내려 했습니다. 백과사전을 읽어도 기억에 남는 건 몇 줄이겠지요. 그래서 욕심을 줄였습니다. 법의 핵심 원리를 선별해서 작은 책 안에 체계에 따라 실었습니다.

이 책에 실린 내용은 몇 가지 개념에 불과하지만, 모르면 평생 눈가리개를 한 경주마처럼 시야가 답답할 것들입니다. 또, 이 내용 정도만 알면 생활인으로서는 충분합니다.

'쉬운 법'이란 '네모난 삼각형'만큼이나 말 자체로 모순되어 있는지도 모르겠습니다. 법의 이성과 합리성을 익숙한 이야기 속에 숨겨 전달하려 한 저의 시도가 조금이라도 성공했기를 바랍니다.

차 례

저자의 말 출간 10주년 기념 개정판에 부쳐   004

들어가며 모르면 평생 답답할 법의 핵심 원리를 이야기로 만나다   006

세상에서 가장 기묘한 재판의 시작
: 염라 판사, 소크라테스를 국선 변호인으로 임명하다   010

진술 1   **법은 도덕의 최소한이다**   법의 범위

성냥팔이 소녀는 누가 죽였을까?: 법과 도덕   037

봉이 김선달과 물장수의 차이는?: 형사와 민사   051

진술 2   **죄에도 공식이 있다**   죄가 되는 행위

양치기 소년은 그 후로도 거짓말을 계속 했을까?: 죄형법정주의   067

동쪽 마녀를 죽인 도로시는 죄가 있을까?: 고의와 과실   077

윌리엄 텔은 정말 명사수일까?: 미필적 고의와 인식 있는 과실   092

피리 부는 사나이는 유괴범인가?: 인과관계   108

진술 3   **벌할 수 없는 죄도 있다**   죄와 무죄 사이

헨젤과 그레텔은 살인 혐의를 벗을 수 있을까?: 정당방위   125

타이타닉호의 디카프리오가 케이트를 밀치고 혼자 살았다고?: 긴급피난   135

고흐가 귀를 입에 물고 다니는 까닭은?: 심신상실   143

검투사 막시무스는 꼭 상대방을 죽여야 했을까?: 기대가능성   155

진술 4 재판은 결과보다 과정이 중요하다
형사재판의 원칙

알리바바와 도둑들만 아는 암호는?: 무죄추정의 원칙   171
미란다는 왜 아동을 납치하고도 무죄인가?: 미란다 원칙   183
암행어사 없이 춘향이 재판이 열린다면?: 증거재판주의   200
이태원 햄버거 가게 살인자는 이 중에 있다?: 합리적 의심 없는 증명   211
마녀재판이 불법인 결정적 이유는?: 위법한 수사로 얻은 증거   231
말 도둑 '포카 말타스'와 '쓰렉'의 유무죄를 가른 기준은?: 함정수사   245
이태원 사건 용의자를 다시 법정에 세울 수 있을까?: 일사부재리의 원칙   254

진술 5 거의 모든 재판에는 돈 문제가 걸려 있다
민사재판의 원칙

담보도 없이 만 냥이나 빌린 허생은 사기꾼?: 사적 자치의 원칙   271
베니스 상인은 약속대로 살 1파운드를 베어 내야 할까?: 사적 자치와 예외   282

진술 6 같은 사건에서 상반된 판결이 나올 수 있다
형사와 민사의 차이

무죄 판결을 받은 O. J. 심슨이 왜 손해 배상을 해야 할까?: 증거의 우열과 확신 307

세상에서 가장 기묘한 재판의 결말
: 믿고 싶지 않은 증거, 믿어야 하는 증거   324

세상에서 가장 기묘한
재판의 시작

염라 판사, 소크라테스를
국선 변호인으로 임명하다

수신: 염라왕

귀하를 연옥계의 재판관으로 임명함.

"오오옷!" 인사 발령장을 받은 염라왕은 자기도 모르게 소리를 질렀다. 기쁨을 주체 못한 나머지 하마터면 의자에서 미끄러져 떨어질 뻔했다.

'으음, 너무 흥분해 버렸군.'

자세를 가다듬은 염라왕은 주변을 둘러보았다. 다행히 아무도 없었다. 염라왕은 그제야 주름진 얼굴을 펴고 활짝 웃었다.

지옥계에 부임한 지 어언 500년. 물론 천계의 시간이니 인간계와는 다른 세월이다. 드디어 지긋지긋한 지옥 탈출이다. 축축한 감방에서 죄수들의 신음 소리에 귀를 막는 생활도 이젠 끝이다. 법정에서 검은 옷을 입고 폼 나게 망치를 휘두르는 재판 업무를 맡게 되었다. 연옥은 생활 환경도 지옥과 비교할 수 없다. 깨끗한 거리, 나무가 울창한 공원, 맑은 공기와 물. 그리고 더 있다. 그동안 연옥에서 편안하게 재판하던 밉살스런 하데스는 도로 지옥계로 가게 되었다!

　사람이 죽으면 인간계를 떠나 하늘 나라인 천계로 가게 된다. 천계에는 천국계와 지옥계가 있고, 그 사이에 연옥계가 있다. 죽은 사람은 일단 연옥계에서 재판을 받는다. 죄가 없다는 판결을 받으면 천국계로 올라가지만, 죄가 있다는 판결을 받으면 지옥계로 떨어져 무시무시한 감옥에 가게 된다. 만약 징역 10년 형을 선고받는다면 지옥계의 감옥에서 10년을 보내고 난 후에야 천국계로 갈 자격을 얻는 것이다. 물론 무기 징역을 받으면 지옥계에서 아주 살기도 한다. 그중 유명 인사 몇몇은 염라왕도 이름을 알고 있다. 드라큘라 백작, 잭 더 리퍼, 빈 라덴 등등.

　지옥계에서의 일이란 게 연옥계에서 유죄 판결을 받은 사람들을 데려와 감옥에 가두고 감시하는 일이라 스트레스의 연속이었다. 생활 환경도 좋지 못하다. 어둡고, 벌레도 많다. 게다가 한 성질 하는 악당들이 모이는 곳이다 보니 긴장을 떨칠 수 없었다. 드라큘라는 지옥에서 사람들을 물고 다니며 추종자를 만들었고, 잭 더 리퍼는 아직도 본명을 모르고 있으며, 빈 라덴은 비밀리에 폭탄을 만들고 있다는 소문이다. 이래서야 웃을 일이 없다. 올빼미처럼 얼굴을 찌푸리고 살다 보니 주름과 신경질만 늘었다.

"고약한 늙은이! 지옥에 온 뒤로 성질 더러워졌어!"

아내로부터 이런 타박을 수시로 듣는 염라왕이었다.

원래는 하데스도 같이 지옥에서 근무했다. 그런데 언제부턴가 하데스가 법률을 공부하기 시작했고, 마침내 실력을 인정받아 500년 전 연옥계의 재판관으로 임명을 받았다. 하데스는 연옥의 재판관이 된 뒤로부터 어쩐지 거들먹거리는 것 같아 만나면 기분이 나빴다. 염라왕이 햄버거를 우적우적 씹고 있을 때 하데스는 신선한 샐러드를 깨작깨작 찍어 먹었고, 염라왕이 콜라를 마실 때 하데스는 우아하게 원두커피 잔을 들고 있었다. 하데스를 만나고 오면 괜히 배가 아프고 기분도 우울해졌다. 지옥 생활에 찌든 자신을 느끼게 되는 탓이다.

염라왕은 지옥 생활에 불만을 품고 항의하는 데모에 특히 골머리를 앓았다. 지옥계에 무슨 데모냐고? 어쩐 일인지 지옥의 죄수들 중에는 억울하다고 주장하는 이들이 많았다. 연옥에서 잘못된 재판을 받아 지옥에 오게 되었다며 불만을 터뜨렸다.

"연옥의 법은 엉터리였다!", "억울해 죽겠다!"

이미 죽은 주제에 억울해 죽겠다며 불평했다. 나중에는 서로 힘을 합해 큰 소동을 일으키기도 했다.

'도대체 연옥에서는 재판을 어떻게 하는 거야?'

연옥의 재판을 맡고 있던 하데스를 탓해 보기도 했지만, 정작 염라왕은 법률 지식이 없으니 그 재판이 잘된 건지 잘못된 건지를 도통 알수가 없었다.

500년간의 이런저런 일을 주마등처럼 떠올리던 염라왕의 얼굴에서 웃음기가 싹 사라졌다. 산더미 같은 걱정이 밀려왔다.

'연옥에 가는 건 좋은데, 재판을 어떻게 하지?'

지옥에서는 연옥의 판결에 따라 사람들을 가두어 놓기만 하면 되었다. 그런데 이젠 그 골치 아픈 재판을 직접 해야 한다. 법률 지식이라고는 접시 물보다 얕은 염라왕이었다. 그 지식마저 머리를 쓰지 않고 살아온 500년의 세월 동안 모두 지워져 있었다. 예전 연옥의 재판관이던 하데스는 그래도 법 전문가였다(혹은 그렇게 주장했다). 그가 했던 재판에서도 사람들이 억울하다며 난리였는데, 어설픈 염라왕이 대충 재판을 했다간 폭동이라도 일어나지 않을까? 지옥계라면 몰라도 연옥계에서 폭동이 생긴다면 신문에 날 일이다. 그러다가 마침내 무능한 인물로 낙인찍혀 다시 지옥계로 돌아가라고 위에서 불호령이 떨어지게 되지나 않을까? 지옥계에서 벗어났다는 기쁨도 잠시, 염라왕은 연옥계에서 '재판'을 해야 한다는 생각에 하얗게 질렸다.

마침내 연옥 근무 첫날이 내일로 다가왔다. 염라왕은 밤새 잠을 설쳤다.

"영감, 그렇게 좋수?"

눈치 없는 염라왕의 아내는 엉뚱한 소리로 복장을 뒤집었다.

에익! 염라왕은 이불을 홀렁 뒤집어썼지만 그런다고 잠이 올 리 없었다. 아침에 일어난 염라왕은 퀭한 눈에 초췌한 얼굴이었다.

'일단 법정에 들어가면 어떻게든 되겠지.'

싫어도 피할 수 없는 시간이 다가왔다. 아침 10시면 첫 재판이 시작된다. 염라왕은 새카만 법복을 입고 애써 근엄한 표정을 지으며 법정에 들어섰다.

법대 아래 오른편에 검사가 먼저 와서 대기하고 있었다. 긴 머리가 얼굴의 절반을 가린 젊은 남자였다. 몸은 호리호리하지만 머리칼 사이로 치켜뜬 눈을 보면 예사로운 인상이 아니었다. 법률 실력은 있지만 기분이 잘 변하는 인물이라는 소문이었다. 재판에서 자주 욱하는 성질을 부려 '욱 검사'라는 별명이 붙어 있었다. 염라왕은 자기보다 훨씬 법을 잘 아는 데다가 기분을 맞추기 어려울 것 같은 이 검사가 매우 부담스러웠다.

염라왕은 짐짓 딱딱한 얼굴을 하고 앉았다. 검사가 일어서서 염라왕에게 다가오더니 말했다.

검사	걱정 마십시오. 오늘 처음이시라 일부러 쉬운 사건을 골라왔습니다.
염라	쉬운 사건? …날 쉽게 보는 거요?
검사	법을 잘 모르신다는 소문이던데요?
염라	무슨 소리! 내가 추첨으로 여기 온 줄 아시오? …아무튼 어

떤 사건이오?

검사   비교적 최근 겁니다만.

염라   최근 거라고? 언제 사건이오?

검사   200년 전입니다.

염라   …재판이 정말 많이 밀려 있는 모양이구려.

염라왕은 마음이 더욱 무거워졌다. 잠시 후 법정 문이 열렸고, 덥수룩한 머리에 지쳐 보이는 늙은이가 들어와 피고인석에 앉았다. 긴 바바리코트를 입고 있었다. 염라왕은 피고인에게 의아한 눈빛을 보내며 검사에게 물었다.

염라   (앗, 혹시… 그 유명하다는 바바리맨?) 검사, 이 피고인은 누구요?

검사   장 씨 성을 가진 사람인데 머리가 길어 장 발장이라고 불립니다.

염라   무슨 죄를 지었소?

검사   남의 가게 빵을 훔쳤습니다.

염라   그런가… 도둑이었군. 사건이 쉽긴 쉽네. 그럼 선고하겠소, 피고인을 징역….

장 발장 (고개를 힘없이 쳐들며) 판사님.

염라   왜 그러시오,

장 발장   아, 아. 배가 고파서… 먹을 것 좀 주십시오.

염라   뭐? 법정이 무슨 식당이오? 먹을 걸 찾게?

장 발장   아, 아. …윽!

와당탕 소리를 내며 의자에 앉아 있던 장 발장이 옆으로 쓰러졌다. 바바리코트 앞이 완전히 벌어져 몸이 드러났다. 팬티만 걸친 알몸이었는데, 못 먹어서인지 앙상한 갈비뼈가 드러났다.

염라   저, 저런! 어서 피고인 장 발장을 일으켜 세워 주시오.

법정 경위가 와서 쓰러진 장 발장을 일으켜 의자에 앉혔다.

장 발장   죄…송합니다. 배가 너무 고파서….

염라   괜찮소. 얼마나 못 먹었으면 제대로 앉아 있지도 못하고. 쯧쯧. 몸을 보아 하니 정말 많이 굶은 것 같구려.

장 발장   옷 살 돈도 없어서 바바리 하나만 사서 걸치고 다닙니다. 그러다 보니 바바리맨으로 오해를 받기도 했습니다.

장 발장은 손등으로 연신 눈물을 훔쳤다.

염라   실은 나도 처음에….

장 발장	예?
염라	아, 아니오. 아무튼 배고파서 빵을 훔친 게 무슨 죄겠소, 장 발장은 무죄요!

염라왕이 큰 소리로 말했다.

"아니, 염라 판사님!" 하고 외치며 검사가 끼어들었지만 이미 늦었고, 장 발장은 인사를 꾸벅하고 법정을 나갔다.

검사	이럴 수가… 첫 사건부터 무죄라니….
염라	그게 올바른 결정이오! 빵 좀 훔칠 수도 있지, 뭘 그렇게 야박하게 군단 말이오.

검사는 망연자실해 서 있었다.

염라	어서 다음 재판으로 넘어갑시다. 다음 피고인 들어오라고 하시오.

염라왕이 재촉하자 검사는 겨우 정신을 차리고 다음 사건의 피고인을 들어오게 했다. 이번에는 소크라테스라고 하는 이름도 어려운 사람이 들어왔다. 검사가 다시 염라왕에게 다가와 소크라테스에게 들리지 않도록 속삭였다.

검사　　　소크라테스는 이미 이승에서 재판을 받았습니다. 재판이
　　　　　좀 잘못돼서 억울하게 사형을 선고받았습니다. 그러니 그
　　　　　냥 대충 천국으로 보내시면 됩니다.
염라　　　아, 알겠소(이 인간이 완전히 날 물로 보나).

염라왕은 울컥했지만 성질을 죽이고 고개를 들어 피고인을 보았다.
소크라테스는 금발의 훤칠한 청년이었다. 날렵한 몸매에 팽팽한 피부,
높은 콧대, 생기 있는 눈빛. 누구라도 반할 미남이었다. 염라왕은 고개
를 갸웃하고는 검사에게 물었다.

염라　　　뭔가 이상하오. 이 피고인이 소크라테스가 맞는 거요? 기
　　　　　록상으로는 늙은이라고 되어 있는데.

'게다가 굉장한 추남이고'라는 말을 덧붙이려다 염라왕은 소크라테
스를 힐긋 보고 말을 삼켰다. 검사가 말했다.

검사　　　피고인 소크라테스는 이천 년 넘게 재판을 기다리면서 온
　　　　　갖 최첨단 성형 수술을 받은 걸로 알고 있습니다.
염라　　　호오, 그래요? 피고인 소크라테스, 그 병원이 어디요?
소크라테스 수술을 조금 받은 건 맞지만 외모가 크게 변한 건 없습니
　　　　　다. 원래 이 정도 생겼었습니다. 근데, 병원은 왜 물으십

니까?

"아, 아니오." 염라왕은 황급히 재판 기록을 보는 척 고개를 숙였다. 아무리 재판할 필요가 없다지만 판사로서 시늉은 해야 했기에 염라왕은 소크라테스에 관한 파일을 뒤적뒤적했다. 응? 이상한 기록이 있었다.

염라　　감옥을 탈출할 수 있었는데도 스스로 독을 마셨다고?

체면을 지키려 굳게 마음먹은 염라왕이었지만 자신도 모르게 큰 소리를 내고 말았다.

염라　　검사, 이게 무슨 소린지 자세히 이야기해 보시오.

검사는 뚱한 얼굴로 마지못해 일어섰다. 자기가 일러준 대로 금세 끝내지 않고 뭘 길게 끄느냐는 불만이 서려 있었다.

검사　　피고인 소크라테스는 사람들의 모함을 받아 젊은이들을 타락시킨다는 죄목으로 아테네에서 재판을 받았습니다. 판사가 500명이나 되는 초대형 재판이었습니다. 소크라테스는 다수결로 사형 선고를 받았고, 독배가 내려졌습니다.

소크라테스한테는 플라톤을 비롯해 유명한 제자들이 있었는데, 제자들은 소크라테스를 몰래 탈출시키려 했습니다. 하지만 소크라테스는 탈옥을 거부하고, 독이 든 잔을 조용히 마셨습니다. 아, 참. 아주 조용히는 아니었습니다. 마지막에 한마디 했더군요. '악법도 법이다'라고.

염라 아니, 그건 이 기록에 다 쓰여 있는 이야기 아니오. 그러니까 그런 상황에서 왜 탈출을 안 하고 독을 마셨나 이거요.

법이 엉터리라고 억울하다며 난리치는 지옥계의 주민들과 500년을 지내온 염라왕으로서는 도무지 이해할 수 없는 일이었다. 터무니없는 결정에 따라 스스로 독이 든 잔을 마시고 죽음을 택하다니? 하지만 검사는 별로 관심이 없어 보였다.

검사 생명 보험을 들어 두었던 게 아닐까요?

염라왕은 소크라테스에게 직접 물어보기로 했다.

염라 피고인 소크라테스는 왜 독을 마셨소?

잠자는 것처럼 앉아 있던 소크라테스가 눈을 번쩍 떴다.

소크라테스 판사님.

염라 말하시오.

소크라테스 법은 왜 필요할까요?

염라 뚱딴지같이 그게 무슨 말이오? 법정에서 쓸데없는 말은 삼가시오. 지금 당신 말고도 수백 년 치의 재판이 밀려 있소, 빨리 끝내야 하오.

소크라테스 제가 독을 마신 이유를 설명하려면 거기서부터 이야기를 해야 합니다.

염라 그럼… 뭐, 해 보시오(첫 재판이니 넓은 마음을 보여야지).

소크라테스 법에는 두 가지 목적이 있습니다.

염라 그게 뭐요?

소크라테스 하나는 **올바른 결정**을 내려야 한다는 것입니다. 수학에서는 1+1=2가 바른 결론입니다. 마찬가지로 법에서는 물건을 훔치면 처벌하고, 돈을 빌리면 갚아야 합니다. 그것이 올바른 결정입니다.

염라 당연한 이야기지. 그걸 모르는 사람이 있소?

소크라테스 하지만 법에는 또 하나의 목적이 있습니다.

염라 또 하나의 목적?

소크라테스 그건 바로 **사회질서**를 유지해야 한다는 것입니다. 사람들이 제각기 마음대로 행동하면 사회는 엉망이 되지요. 법은 그렇게 되지 않도록 질서를 유지하는 역할을 합니다. 법은

올바른 결정을 내리면서 동시에 사회질서를 바로잡는 일
도 하는 것입니다.

염라 흠흠, 그거야 당연하겠지. 판사가 그런 것도 모를 줄 아
시오?

소크라테스 올바른 결정이 내려지면 대개는 사회질서도 바로잡힙
니다.

염라 그래서 법이 있는 거라며?

소크라테스 하지만, 가끔은 둘의 사이가 틀어지기도 합니다. 올바른 결
정을 좇다 보면 사회질서가 흔들리고, 반면에 사회질서만
을 좇다 보면 올바른 결정에서 벗어나는 경우가 있습니다.

염라 그게 말이 되오?

소크라테스 말씀드리기 송구하지만 저, 소크라테스의 죽음이 그 예입
니다.

염라 당신의 죽음이?

소크라테스 제 재판에서 올바른 결정이 내려졌습니까?

염라 그건 아니었지. 당신은 사람들을 깨우치려고 애를 써 왔어.
그런 사람은 상을 받아야 마땅하지. 그런데도, 상을 주기는
커녕 사형에 처했어. 어리석은 자들! 세상에 이런 멍청한
법이 다 있단 말이오!

소크라테스 물론 저도 그 결정이 틀렸다고 생각합니다.

염라 그래서 이상하다니까. 왜 그런 한심한 재판에 따라 독을 마

시고 죽었는지. 그런 식이라면 법이 무슨 쓸모가 있소? 오히려 해롭지. 그런 법은 지킬 필요가 없지 않은가!

소크라테스 그렇지만은 않습니다. 올바른 결론은 내리지 못했지만, 법의 또 다른 목적인 사회질서란 것을 생각해야 합니다.

염라 사회질서? 좋은 사람을 사형에 처하는 게 무슨 사회질서란 말이오?

소크라테스 그런 의미가 아닙니다. 교차로의 신호등을 생각해 보면 알 수 있습니다. 신호등이 잘못 설정되어 빨간 신호가 다른 신호보다 길다면 어떨까요? 사람들이 많이 불편하겠지요. 특히나 바쁜 사람들은 무척 짜증이 날 겁니다. 하지만 그렇다고 신호를 무시하고 차를 출발시킨다면?

염라 도로는 엉망이 되겠지. 사고가 날 수도 있고.

소크라테스 그렇습니다. 잘못된 신호등이라도 있는 쪽이 없는 것보단 낫고, 잘못된 신호라도 지키는 쪽이 아무도 안 지키는 것보다는 훨씬 낫습니다. 법도 마찬가지입니다. 올바른지 아닌지를 떠나서, 지켜지는 것만으로도 큰 값어치가 있지요. 법은 사회의 신호등 같은 겁니다.

염라 음, 뭔가 매우 어렵게 들리오. 내가 머리를 안 쓴 지가 좀 오래 돼… 아니, 엣헴, 그건 아니고, 어쨌건 그래서 독을 마셨단 거요?

소크라테스 법을 지키지 않으면 사회질서가 무너지니까요.

염라　　　이런… 너무 거창한 말 아니요? 아무렴 당신 혼자 좀 어긴 다고 뭐가 어떻겠소? 정말 고지식하구려.

소크라테스　과연 그럴까요?

이때 법정 바깥이 와글대는 사람들의 말소리로 소란스러워졌다.

염라　　　거 밖에 무엇이오? 좀 알아보시오.

법정 밖에 나갔다 온 법정 경위가 말했다.

경위　　　데모입니다.

염라왕은 헉 소리가 날 만큼 놀랐다.

염라　　　데모라고? 데모라면 지옥계에서 지긋지긋하게 겪었는 데… 무슨 일인지 사람들을 들어오게 해 보시오.

머리에 띠를 두른 건장한 남자 대여섯 명이 들어왔다.

염라　　　당신들은 누구시오? 그리고 왜 시끄럽게 데모를 하시오?

도둑들　우리? 도둑들이오.

염라	뭐라! 도둑놈이 무슨 데모냐!
도둑들	예전 재판관이던 하데스 영감이 우리한테 징역형을 내렸소. 그래서 지금 지옥계로 호송되기만을 기다리고 있수다.
염라	그럼 하데스한테 가야지, 왜 나한테 그래!
도둑들	염라 판사님한테 항의하는 데모요!
염라	엉? 나한테 뭔 항의?
도둑들	장 발장 때문이오!
염라	장 발장이 왜?
도둑들	장 발장이나 우리나 물건을 훔친 건 똑같은데, 누구는 처벌하고 누구는 처벌하지 않다니, 이게 무슨 법이오?
염라	그거야… 장 발장은 불쌍하잖아. 배고파서 빵을 훔쳤다던데….

"나도 배고프오!"

"아까 보니까 장 발장은 스포츠카 타고 가더라. 무슨 소리!"

"장 씨가 걸친 바바리가 얼마짜린 줄 아슈?"

저마다 나서서 한마디씩 하는 통에 법정 안은 시장 바닥처럼 변해 버렸다.

염라	조용, 조용. 충분히 알았으니 다들 가서 기다리시오. 내가 당신들에 대해서도 다시 한 번 생각해 보겠소.

염라왕이 힘겹게 설득해 남자들은 겨우 돌아갔고, 법정 주변도 조용해졌다.

염라 휴… 이런 일이 생길 줄이야.

염라왕의 풀 죽은 모습을 보고 있던 소크라테스가 말했다.

소크라테스 염라 판사님이 장 발장을 풀어 주신 건 좋은 마음에서 하신 거겠죠. 하지만 보십시오. 엄청난 소동이 일어났지 않습니까?

염라 눈앞에서 보았으니 할 말이 없소. 다 내 불찰이오.

소크라테스 불쌍한 장 발장을 처벌하는 법이 마음에 안 들었을지 모릅니다. 그래도 일단은 '법에 따른다'는 원칙을 지켜야 합니다. 그러면 적어도 혼란만은 피할 수 있지요.

염라 …거, 알았다니까.

소크라테스 법을 지키라고 가르치던 제가, 법이 틀렸다면서 탈옥했다면 아테네 사회는 어떻게 되었겠습니까?

염라 지금과 비슷한 일이 일어났겠지.

소크라테스 그렇습니다. 법이 틀렸더라도 일단은 지켜야 합니다. 그래서 독을 마셨고, 마지막 유언을 남겼습니다. '악법도 법이다'라고.

염라   …멋진 말이오.

소크라테스   실은, '따라서, 지켜야 한다'는 말을 그 뒤에 해야 했는데,
           그만 독이 퍼져서….

소크라테스는 아쉽다는 듯 입맛을 다셨다.

염라   걱정 마시오. 어리석은 인간들이 당신한테 몹쓸 짓을 했지
           만 이제부터 천국에 가서 편안히….

말하다가 말고 염라왕은 곰곰이 생각에 잠겼다. 소크라테스가 의아
한 얼굴로 재촉했다.

소크라테스   판사님? 천국에 가서… 그 다음엔요?

염라왕이 양팔을 번쩍 쳐들더니 법대를 쾅 내리쳤다.

염라   소크라테스, 당신은 정말 똑똑하군. 법도 잘 알고.

소크라테스   과찬이십니다.

염라   게다가 말뿐 아니라 행동으로 보여 주었소. 그래서 말인데,
           천국행을 잠시 미루고 연옥에서 일해 볼 생각 없소?

소크라테스   예? 무슨 일을요?

소크라테스가 놀라서 물었다. 긴 머리칼을 늘어뜨리고 몰래 졸고 있던 검사도 퍼뜩 깨어나 염라왕을 쳐다보았다.

염라　　연옥에서 변호사로 일하는 것이오.

소크라테스　변호사요?

염라　　그렇소. 검사 혼자 법정에서 일방적으로 죄인들을 공격하다니, 불공평하지 않소. 그들을 변호하는 변호사도 있어야겠지. 솔직히 나도 법률을 썩 잘 알지는 못하오(실은 전혀 몰라). 이 법정에서 재판을 받는 사람들을 변호하는 일을 맡으시오. 당신이 그 역할에 딱인 것 같소. 보수는 후하게 주겠소. 최고급 한국산 전자 제품이 갖추어진 아파트와 승용차도 제공하겠소.

이번엔 소크라테스가 고개를 숙이고 곰곰이 생각에 잠겼다. 한참 후 소크라테스가 고개를 들었다.

소크라테스　알겠습니다. 무척 보람 있는 일일 것 같습니다. 뭐 꼭 아파트와 승용차를 주신다고 해서 이 일을 받아들이는 건 아닙니다.

염라　　그럼 아파트와 승용차는 취소하겠소.

소크라테스　구, 굳이 안 받지는 않겠습니다.

소크라테스는 다급하게 대답했다.

염라　　　그럼 받아들이는 걸로 하고, 당장 내일부터 일하시오.

　염라왕은 소크라테스 덕분에 재판을 잘해낼 수 있을 것 같은 기대감이 생겼다. 염라왕은 흐뭇한 마음으로 시간의 흐름을 건너뛰어 인간계를 내려다보았다.

　소크라테스를 죽음으로 몰았던 인간들이 정신을 차려가고 있었다. 소크라테스가 독을 마시면서까지 '악법도 법이다'라고 했던 자신의 말을 몸소 행동으로 보여준 데 사람들은 감동했고, 소크라테스는 성인聖人으로 추앙되었다. 인간들은 소크라테스의 조각상을 만들어 그를 기렸다. 한 가지 이상한 것은 조각상에 나타난 소크라테스는 대단한 추남이라는 점이었다.

진술 1

법은 도덕의
최소한이다

법의 범위

성냥팔이 소녀는
누가 죽였을까?

(법과 도덕)

소크라테스의 재판이 있은 다음 날.

법정에 들어선 염라왕은 검사의 모습을 보고 재판이 꽤나 시끄러울 것 같은 예감을 받았다.

'오늘 따라 검사가 화가 많이 나 있는 것 같은데. 욱 검사의 본성이 나오는 건가.'

염라왕은 긴장감을 누르며 판사석에 앉았다.

염라   오늘의 피고인은 누구요?

검사   이 자는 극악한 인물입니다! 이 자는 반드시 지옥의 감옥
        에서 썩어야 합니다!

염라	검사. 흥분하지 말고 먼저 피고인 이름부터 밝혀 주시오.
검사	이름은 중요하지 않습니다. 본 검사는 피고인을 '행인'이라 부르겠습니다.
염라	행인?
검사	그렇습니다. 피고인의 죄는 길을 지나간 것이기 때문입니다. 그래서 행인이라고 하겠습니다.
염라	길을 지나간 게 대체 무슨 죄가 된단 말이오? 어쨌든 검사의 말을 들어 봅시다.
검사	추운 겨울날 밤이었습니다. 굶주린 성냥팔이 소녀가 낡은 옷차림에 맨발로 거리에서 성냥을 팔고 있었습니다. 하지만 아무도 소녀를 거들떠보지 않았습니다. 모두 지나치기만 할 뿐 성냥을 사 주는 사람은 없었고, 따뜻하게 도와주는 사람도 없었습니다. 지친 소녀는 주저앉아서 성냥을 하나 둘 켜기 시작했습니다. 성냥개비 불꽃 속에서 따뜻한 난로와 식탁, 크리스마스트리의 환상을 보았습니다. 맨 나중에 할머니가 나타나자 소녀는 하늘로 데려가 달라고 부탁했습니다. 환상 속에서 할머니는 소녀를 안고 하늘로 올라갔습니다. 다음 날 아침 사람들은 길거리에서 다 탄 성냥개비와 함께 미소를 띤 채 죽어 있는 소녀를 발견했습니다. …응? 염라 판사님? 지금 우시는 겁니까?
염라	아, 아니오. 훌쩍.

검사	피고인은 그때 성냥팔이 소녀 곁을 지나간 사람, 즉 행인 입니다. 인정머리도 없지요. 피고인이 조금만 도와주었더라면 성냥팔이 소녀는 죽지 않았을 것입니다. 추운 겨울 밤 거리의 모퉁이에서 작은 소녀가 추위와 굶주림에 죽어 갔습니다. 피고인의 무관심 속에서요. 피고인 행인은 소녀의 죽음에 책임을 져야 합니다. 피고인을 엄벌에 처해 주십시오.
염라	들어 보니 정말 화가 나는군. 이 피고인을 당장 엄벌에⋯.
소크라테스	염라 판사님!
염라	헉! 아, 소크라테스 변호사가 있었지. 어제 내가 임명해 놓고 깜빡했군. 그런데, 무슨 할 말이 있소?
소크라테스	피고인 행인을 위해 변론을 하려고 합니다.
염라	설마 이 나쁜 어른을 변호하려고 하는 거요?
소크라테스	그렇습니다.
염라	아무리 변호사라도 좀 나설 데를 가려 나서시오. 이 사람이 무슨 할 말이 있다고 변호하려는 것이오?
소크라테스	피고인의 행동은 나쁩니다. 그 점엔 저도 동의합니다.
염라	그런데?
소크라테스	피고인은 소녀를 해치지 않았습니다.
염라	⋯.
소크라테스	피고인은 길을 지나갔을 뿐입니다.

염라   그렇긴 하지….

검사가 책상을 쾅 치며 일어섰다.

검사   판사님! 변호인은 지금 너구리 같은 교묘한 말로 법정을
             홀리고 있습니다.

소크라테스   검사님, 너구리라뇨? 무슨 그런 말씀을….

염라   욱 검사. 내가 봐도 말이 좀 지나치시오.

검사   지나친 건 제가 아니라 행인입니다. 그가 소녀를 지나쳤습
             니다.

염라   아니, 이번엔 말장난을….

검사   피고인이 길을 그냥 지나갔다는 건 결국 소녀를 구해 주지
             않았다는 것과 같은 이야기입니다. 본 검사는 피고인이 걸
             어갔다는 행동을 고발하는 것이 아니라, 소녀를 구하지 않
             은 나쁜 행동을 고발하는 것입니다!

소크라테스   피고인이 나빴다는 점에는 동의한다니까요.

염라   소크라테스 변호사. 그럼 뭘 변호하겠다는 거요?

소크라테스   나쁘다고 해서 모두 법으로 처벌해서는 안 되니까요.

염라   나쁜 게 나쁜 거 아니오?

소크라테스   도무지 못 알아들으시는군요.

염라   못 알아듣다니, 그 무슨 실례의 말을….

소크라테스 그렇다면… 변론을 좀 더 쉽게 할 수 있도록 다른 사건을
         같이 진행할 것을 요청합니다.

염라   다른 사건? 밀린 사건이 많아서 사건을 한꺼번에 처리한다
         면야 나는 좋소만.

소크라테스 '착한 사마리아인 사건'이라는 것입니다.

염라   말해 보시오. 어떤 사건이오?

소크라테스는 박수를 짝짝짝 쳤다. 이것을 신호로 법정 문이 열리면
서 세 명의 남자가 엉거주춤 걸어 들어왔다.

염라   이 사람들은 누구요?

소크라테스 이 사람들 또한 딱히 이름은 없습니다. 2,000년 넘게 재판
         을 기다리다가 이름을 잊어버린 상태입니다.

염라   하데스가 완전 놀았구먼. 재판을 이리도 미뤄 놓다니. 쩝.

소크라테스 이 사람들을 직업이나 고향에 따라 제사장, 레위 사람, 사
         마리아인으로 각기 부르겠습니다.

염라   피고인이 세 사람이나 되니 헷갈리는데.

소크라테스 여기서 피고인은 제사장과 레위 사람 둘입니다. 사마리아
         인은 오히려 착한 일을 한 사람인데 증언을 하기 위해 같이
         대기하고 있었습니다.

염라   사건에 대해 말해 보시오.

소크라테스 어떤 사람이 예루살렘에서 여리고로 가던 길에서 강도를 만나 큰 상처를 입고 길에 버려졌습니다. 길을 가던 제사장 이 그를 발견했지만 도와주지 않고 그냥 지나쳤습니다. 레 위 사람도 지나갔지만 구조하지 않았습니다. 그런데 사람 들로부터 가장 천대를 받던 사마리아인이 지나가다가 그 를 측은히 여겨 목숨을 구해 주었습니다.

염라 이 이야기는 확실한 거요? 파일을 뒤져 보아도 사건을 조 사한 수사관 이름이 없는데.

그러자 사마리아인이 얼굴이 벌게져서 소리쳤다.

사마리아인 판사님, 무슨 말씀입니까! 확실합니다. 내가 아니었다면 그 사람은 길에서 죽었을 겁니다. 내가 구해 주었습니다! 다른 사람도 아닌 내가!

소크라테스는 손짓으로 사마리아인을 말렸다.

소크라테스 이 이야기는 성경에 기록되어 있습니다. 다들 알고 있는 이 야기입니다.

염라 알았소. 사실이라고 인정을 하지.

사마리아인 인정을 하는 게 아니라 사실입니다! 내가 구해 주었습니다.

내가!

염라   것 참. 그 양반 성질하고는….

소크라테스   판사님, 죄송합니다. 사마리아인이 성질을 좀 부려서 그렇지 원래는 착한 사람입니다. 그래서 착한 사마리아인이라는 말이 있을 정도입니다.

염라   착한 사마리아인?

소크라테스   법정에 오신 이 사마리아인은 가던 길을 멈추고 사람을 구했습니다. 훌륭한 일을 했지요. 그래서 이 이야기에서 착한 사마리아인이란 말이 생겨났던 것입니다. 모르는 사람을 도와주는 착한 사람을 일컫는 말입니다.

염라   옛날엔 착했는지 몰라도 재판을 오래 기다리다가 불뚝 성질이 늘은 모양이구려. 허허허….

염라왕은 사마리아인의 눈에 쌍심지가 켜지는 것을 보고 슬며시 웃음을 거두었다.

소크라테스   여기서 문제는 위험에 처한 사람을 보고 그냥 지나간 제사장과 레위 사람의 행동입니다. 사마리아인과 비교하면 분명 옳은 행동이 아니지요. 그래서 이 두 사람이 본 법정의 피고인이 된 것입니다.

이때 검사가 불쑥 나서서 말했다.

검사   맞습니다! 본 검사는 제사장과 레위 사람을 강력하게 처벌해야 한다고 주장하는 바입니다.

소크라테스   성냥팔이 소녀를 구하지 않고 지나간 행인과, 강도당한 사람을 구하지 않고 지나간 제사장과 레위 사람의 행동은 비슷한 점이 있습니다. 그래서 이들의 재판을 같이 하기를 요청한 것입니다.

검사   이참에 모조리 다 처벌합시다.

소크라테스   남을 돕지 않은 사람은 다 처벌해야 합니까?

검사   뭐요?

염라   음음. 그렇게 돌려서 물으니 어쩐지 좀 이상하긴 하네….

소크라테스   실제로 법에서는 이 문제를 놓고 두 가지 입장이 팽팽하게 싸우고 있습니다. 위험에 빠진 사람을 구하지 않은 사람을 처벌해야 한다는 법이 '착한 사마리아인 법'입니다. 착한 사마리아인처럼 남을 구해야 하고, 그렇지 않으면 죄가 된다는 생각이 바탕에 있습니다.

반대로, 착한 사마리아인 법에 반대하는 입장에서는 남을 구하지 않은 사람은 나쁘지만, 그렇다고 처벌까지 할 수는 없다는 주장을 합니다. 남을 구하지 않았으니 처벌해야 한다는 검사의 말은 착한 사마리아인 법을 찬성하는 쪽의 일방적 의견에 불과합니다.

염라 그것 참 어렵구려. 인간 세상에서는 어떻게 되어 있소?

소크라테스 착한 사마리아인 법은 세계 어느 나라에나 있는 법은 아닙니다. 있는 나라도 있고, 없는 나라도 있습니다.

염라 내가 좋아하는 나라인 한국은 어떻소?

소크라테스 한국에는 착한 사마리아인 법이 없습니다. 미국과 영국에도 없습니다. 미국과 영국의 법은 '너 할 일이나 신경 써라 Mind your own business'는 개인주의적 성격이 짙기 때문입니다. 반면에 독일, 프랑스, 이탈리아, 스위스, 네덜란드 등에서는 착한 사마리아인 법이 있습니다. 위험에 빠진 사람을 구하지 않으면 처벌하는 것이지요.

염라 나라마다 다 다르구먼.

소크라테스 그렇습니다.

염라 에익, 어려워. 첨엔 울컥했는데 듣고 보니 이게 문제가 쉽지만은 않군….

검사 염라 판사님, 뭘 고민하십니까? 빨리 피고에게 중형을 선고해 주십시오!

염라 욱 검사, 좀 기다리시오. 판결이 자판기도 아니고 좀 생각할 시간을 주어야 할 거 아니오.

검사 알겠습니다. 근데, 아까부터 욱 검사, 욱 검사 그러시는데 그건 무슨 말씀입니까?

염라	아, 아무것도 아니오. 아무튼 고민되는구려. 분명 나쁜 행동 같기는 한데… 왜 이리 헷갈리지?
소크라테스	도덕과 법의 구별은 워낙 어려운 문제이니까요.
염라	도덕과 법의 구별? 이건 또 뭔 소리요? 자꾸 딴 길로 새지 맙시다.
소크라테스	다른 이야기가 아닙니다. 지금까지 말씀드린 문제입니다. 어려움에 처한 사람을 도와야 하는 것은 도덕이고 윤리지요. 하지만 그것을 '법으로 강제할 것인지'는 다른 문제인 것입니다.
염라	오늘 재판의 처음 이야기로 돌아가는군. '나쁜 일을 했다고 다 법으로 처벌해야 하는 것은 아니다'라는 이야기.
소크라테스	그렇지요.
염라	애매하구려.
소크라테스	그럼 먼저 법에 정해져 있는 일들을 한 번 쭉 나열해 보겠습니다.
염라	뭐 그러든가.
소크라테스	① 사람을 때리지 마라. ② 물건을 훔치지 마라. ③ 사기를 치지 마라. ④ 남의 물건을 쓸 때는 허락을 받아라. ⑤ 어른에게 인사를 잘해라.

⑥ 뒤에서 다른 사람 흉을 보지 마라.

염라 그렇지, 그럼, 암(고개를 끄덕끄덕).

소크라테스 염라 판사님?

염라 어? 왜 부르시오?

소크라테스 주무십니까?

염라 무슨 소리! 재판 중 아니오.

소크라테스 뒤의 ④, ⑤, ⑥ 이 법에 정해져 있습니까?

염라 뒤의… 으윽. 아니네. 근데 어느새 이야기가 저렇게 흘렀지? (왠지 또 당한 느낌이….)

소크라테스 앞의 ①, ②, ③ 세 가지는 도덕적으로도 잘못된 것이고, 법으로도 처벌을 받지요?

염라 그, 그렇지.

소크라테스 이것은 도덕과 법이 겹치는 경우입니다. 그런데!

염라 거 소리는 지르지 마시오.

소크라테스 ④, ⑤, ⑥은 도덕일 뿐입니다. 법에 정해져 있지는 않습니다. 그러니 그런 올바른 행동을 하지 않았다고 해서 법으로 처벌할 수는 없습니다.

염라 그렇겠지. 그런 걸 어떻게 처벌까지 한단 말이오.

소크라테스 맞습니다. 일일이 그런 행동을 처벌하기도 힘들뿐더러, 이런 일까지 법으로 강제된다면 우리 모두 숨 막혀서 살 수가 없지 않겠습니까? 이런 행동을 했을 때는 사과하고, 살면서 점차 배우고 고쳐나가면 됩니다. 법으로 강제하거나 처벌할 문제는 아니지요.

염라 옳소.

소크라테스 법은 무엇보다 강한 규칙입니다. 이런 법을 함부로 사용하면 곤란하겠죠? 불편한 일이 있다고 해서 무작정 법을 만들어대는 것은 좋지 못합니다. 법은 중요한 일에만 관여하고, 일상생활에서의 도덕은 사람들에게 맡겨야 합니다.

염라 맞아. 법이 너무 많아도 살기 힘들 거야.

소크라테스 법은 도덕에 일일이 간섭하지 않습니다. 도덕 중에서 중요한 일에만 관여합니다. 예를 들어서 앞의 ①, ②, ③처럼 때리거나, 훔치거나, 사기를 치거나 하는 못된 행동은 법이 나서서 못하게 막는 것이죠. 많은 도덕 중에서 '최소한 이것만은 어기면 안 된다'는 것들입니다. **법은 도덕의 최소한**이란 말은 이런 생각에서 나왔습니다.

염라 흠. 그런 기준이면 이제 해결되겠군….

소크라테스 그게 또 그렇지도 못합니다.

염라 왜!

소크라테스 갑자기 웬 소리를 지르시고….

염라 (너무 말이 길잖아) 흠흠. 어디 설명해 보시오.

소크라테스 분명하지 않은 경우가 있습니다. 어떤 경우에 법이 끼어들고, 어떤 경우에 법이 끼어들어서는 안 되는지 사람마다 의

	견이 갈리는 거죠.
염라	뭐, 그런 어중간한 문제들이야 있겠지.
소크라테스	'착한 사마리아인' 문제가 그중 하나입니다. 어중간하지 않습니까? "사람을 구하든 지나치든 그건 그 사람 마음이다. 그걸 가지고 처벌하는 건 좀 그렇지 않나?" 하는 생각을 할 수 있습니다.
	하지만, "무슨 소리! 더불어 사는 것이 사회다. 사람이 어려움에 처했으면 당연히 지나가던 걸음을 멈추고 구해야지. 그렇지 않으면 벌해야 한다"라고 할 수도 있을 겁니다. 사람들의 생각이 다르고, 정답이 없는 문제입니다. 결국 그 나라의 문화와 국민 다수의 생각대로 정해지게 되겠죠. 그래서 나라마다 다르게 되어 있는 겁니다.
염라	으음… 골치가 아프오.
소크라테스	염라 판사님. 그럼 판결을….
염라	나라마다 법이 다르다고 하니 그중에 하나 골라잡겠소.
검사	어느 나라를?
염라	한국 법에 따라 판결하겠소.
검사	엣? 왜 하필 한국?
염라	내 취향이오. 한국 법에는 착한 사마리아인 법이 없소, 따라서 피고인 행인은 무죄요. 제사장과 레위 사람도 무죄요.
검사	판사님! 성냥팔이 소녀를 지나친 행인만이라도 유죄를….

염라	판결은 이미 선고했소. 땅. 땅.
소크라테스	명판결에 감사합니다.
염라	관두시오. 솔직히 맘은 편치 않소.
사마리아인	(벌떡 일어나며) 이런 판결이 어딨습니까!
염라	엉? 왜 그러시오?
사마리아인	행인은 그렇다 치고 제사장이나 레위 사람은 왜 처벌을 안 하는 겁니까!
염라	아니, 그건… 도덕이 설라무네….
사마리아인	말도 안 됩니다! 바보 같은 재판입니다!

사마리아인은 염라왕이 뭐라 입을 떼기도 전에 법정을 박차고 나가며 문을 쾅 닫았다.

염라	저 사람 착한 거 맞소?
소크라테스, 검사	….

봉이 김선달과
물장수의 차이는?

(형사와 민사)

염라	검사. 오늘의 피고인은 누구요?
검사	염라 판사님이 좋아하시는 한국 사람입니다.
염라	오호, 누구?
검사	봉이 김선달이라는 사람입니다. 조선 시대 인물이죠.

　염라왕이 피고인석을 보니 빤질빤질한 얼굴을 하고 염소수염을 기른, 낯빛이 붉은 남자가 앉아 있었다. 김선달은 재판을 받으러 왔으면서도 전혀 위축된 기색이 없이 턱을 쳐들고 염라왕을 마주 보았다.

염라	낯을 보아 하니 빤질빤질한 게 왠지 사기를 쳤을 것 같

구려.

검사 제대로 보셨습니다. 저 피고인은 골수 사기꾼입니다. 지금부터 사건을 말씀드리겠습니다.

조선 시대 개성에는 물장수가 있었습니다. 대동강 물을 길어다가 물이 필요한 사람들에게 배달해 주고 돈을 받는 사람들이죠. 피고인 김선달은 대동강에서 이 물장수들을 보고는 못된 생각을 떠올렸습니다. 물장수들에게 엽전을 미리 주어 놓고 대동강 물을 길어 갈 때마다 자신에게 그 돈을 건네도록 시켰습니다.

다음날부터 물장수들은 봉이 김선달이 시키는 대로 대동강 물을 길어 가면서 김선달에게 돈을 건네주었습니다. 이 장면을 보고 이상하게 생각한 서울 상인들이 김선달에게 영문을 묻자, 김선달은 자기가 대동강 물의 주인이라고 거짓말을 했습니다. 이 말에 속은 서울 상인들은 대동강 물을 팔라며 김선달에게 큰돈을 주었습니다. 봉이 김선달은 서울 상인들에게 대동강 물을 팔고 돈을 받아 챙겼습니다.

염라 허어. 흘러가는 강물을 제 것이라 속여 사기를 쳤단 말이로구나. 이런 고이얀지고.

검사 그렇습니다. 그런데 염라 판사님, 말투가 왜 그러십니까? 평소에 안 쓰던 말을….

염라 음음, 이런. 피고인이 조선 시대 사람이라고 하니 나도 모르게 옛날 말투가 나와 버렸어.

검사   아무튼 상인들을 상대로 사기를 친 피고인을 엄벌에 처해
주십시오.

염라   그래야지. 죄를 지은 김선달을 징역… 이크. 소크라테스 변
호사가 있었지. 이쯤에서 판사님! 하면서 딴지를 걸고 나올
법한데?

염라왕이 소크라테스 쪽을 보았지만 그는 졸고 있는 듯 눈을 감고
아무 말이 없었다. 염라왕은 안심했다.

염라   엣헴. 그럼 선고를 계속하겠소. 피고인 김선달을….
김선달   판사님!

김선달이 돌연 소리를 쳤고, 염라왕은 선고를 하다 말고 깜짝 놀라
가슴을 쓸어내렸다.

염라   놀래라. 소크라테스 변호사가 가만있나 했더니 이번엔 피
고인이 소리를 지르는군. 뭐요?
김선달   지금 제 뒤로는 대동강 물장수들이 재판을 받으러 와 있거
든요.
염라   그런데?

김선달	제가 강물을 팔았다는 이유로 처벌을 받는다면 저 물장수들도 처벌을 받아야 하걸랑요.
염라	뭐시라?
김선달	제가 대동강 물을 판 것 때문에 서울 상인들하고 문제가 생겨서 재판을 받고 있지비요?
염라	그렇지(어째 말투가 거슬려…).
김선달	대동강 물장수도 물을 산 마을 사람들하고 다툼이 있어 연옥에 와서까지 재판을 받으러 와 있걸랑요.
염라	그런데?
김선달	그러니까 말입니다요. 모두 물을 팔아서 다툼이 생겼으니 다를 게 없지 않습니까요? 제가 물을 팔았다고 처벌할 거면 물장수들도 같이 처벌을 해 주셔야 합니다.
염라	그, 그거야… 뭔가 다른데… 하여간 달라!
김선달	무엇이 다르오니까? 물장수들을 처벌 안 하실라믄 저도 처벌을 하지 말으셔야 합니다요.
염라	그, 그런….

말문이 막힌 염라왕은 도움을 구하듯이 소크라테스를 바라보았다. 소크라테스는 여전히 잠을 자는 듯 가만히 있었다. 아니다… 저 가늘게 새어 나오는 숨소리는? 실제로 자고 있었다!

염라왕은 들고 있던 분필을 던졌다. 머리에 분필을 맞은 소크라테스는 끄응 하고 기지개를 펴더니 눈을 떴다. 소크라테스는 주변을 둘러보더니 태연한 얼굴로 말했다.

소크라테스 염라 판사님, 제가 자는 줄 아셨죠? 다 듣고 있었습니다.

염라 (분명히 자고 있었는데… 어쨌건 저 인간이 도움이 될 듯하니 말이나 들어 보자.)

소크라테스 봉이 김선달과 물장수의 사건은 완전히 다릅니다.

염라 (옳거니!) 그럼, 다르고말고. 어서 이 피고인 김선달이 알아들을 수 있도록 법정에서 설명하시오.

소크라테스 물장수와 봉이 김선달은 똑같이 물을 팔고 남에게서 돈을 받았습니다. 어찌 보면 비슷한 행동입니다. 하지만 이건 '법'의 눈으로 보면 큰 차이가 있습니다. 그 차이는 매우 중요합니다. 적용되는 법이 완전히 달라지기 때문입니다.

염라 법이 달라진다?

소크라테스 예. 그럼 말씀드리기 이전에, 먼저 법이 다루는 일은 크게 두 종류로 나눠진다는 점을 아셔야 합니다. **민사**와 **형사**입니다.

염라 형사면 범인 잡는 형사?

소크라테스 아닙니다. 그 형사가 아닙니다.

염라 노, 농담이었소.

소크라테스	뜻을 설명드리죠. **민사**는 쉽게 말해 돈 문제에 관한 다툼입니다. 돈 문제는 사람들이 계약을 할 때, 혹은 손해를 물어 줄 때 생기지요.
염라	전문 용어 쓰지 말고 쉽게 하시오, 쉽게.
소크라테스	어려울 거 없습니다. 사람들끼리 맺은 약속이 '계약'입니다. 집이나 자동차를 사고파는 큰 것에서부터 장 보는 것, 문방구에서 연필과 노트를 사고파는 자질구레한 것까지 모두가 계약입니다. 돈을 빌리는 것, 물건을 그냥 주는 것도 계약이고, 취직해서 일하는 것도, 수도와 전기를 이용하고 요금을 내는 것, 휴대전화, 인터넷을 이용하고 요금을 내는 것도 모두 계약입니다. 계약을 둘러싸고 여러 가지 돈 문제가 일어나겠지요? 또, 살다 보면 남한테 손해를 끼쳐 돈으로 물어 주어야 하는 일도 생깁니다. 자전거를 타고 가다가 사람을 치어서 상처를 입히거나, 남의 집 유리창을 깨거나 하는 경우에는 그 사람이 입은 손해만큼 배상해 주어야 하겠지요. 손해 배상은 돈으로 하도록 되어 있습니다. 역시 돈 문제입니다. 이런 것이 **민사**입니다. 민사 문제에 관한 법이 **민법**입니다.
염라	긴 설명 필요 없이 돈 문제라고 하면 될 것을….
소크라테스	사실 그렇게 생각하셔도 크게 틀리지 않습니다. 그런데 법은 민사 문제 말고도 또 하나의 중요한 임무를 맡고 있습니

다. 범죄를 저지른 사람을 처벌하는 일입니다. 이것이 **형사 문제**입니다. 사람의 목숨을 빼앗는 일, 사람을 때려서 다치게 하는 일, 돈을 훔치는 일, 거짓말로 속여서 돈을 받아내는 일. 이런 일은 모두 범죄고, 형사 문제입니다. 그것에 관한 법이 **형법**입니다.

염라   그 구별은 대충 알 것 같소. 어서 봉이 김선달 사건에 관해서 이야기해 보시오.

소크라테스   물장수는 강물을 길어다가 집집마다 물을 배달해 주고 돈을 받았습니다. 아무도 죄를 저지르지 않았습니다. 이것은 물을 주고 돈을 받는다는 '계약'일 뿐입니다. 물장수와 물을 산 사람들 사이에 다툼이 생긴다면 이것은 **민사 문제**이며, **민법**에 따라 판단하면 됩니다.

봉이 김선달도 돈을 받고 물을 판 건 같지만 물장수와는 결정적으로 다른 점이 있지요. 거짓말을 했습니다. 자기가 대동강 물의 주인인 것처럼 속여서 서울 상인들한테서 큰돈을 받아 냈습니다. 서울 상인들이 거짓말을 알았다면 봉이 김선달에게 돈을 주었을 리가 만무하죠. 이건 '사기'이며, 범죄입니다. 따라서 **형사 문제**입니다. 봉이 김선달은 **형법**에 따라 벌을 받아야 합니다.

염라   그럼 대동강 물장수들이 재판을 기다리고 있다는 건 민사 문제였군.

소크라테스 그렇습니다. 마을 주민들과 물값에 다툼이 있어서 이 연옥에 와서까지 가려 달라고 재판을 기다리고 있었던 겁니다. 민사재판이니까 '누가 누구에게 얼마를 주라'는 판결이 내려지게 되지요. 하지만 봉이 김선달은 사기를 쳤고, 이건 형사재판입니다. '김선달을 징역 얼마 동안에 처한다'는 판결을 해야 합니다. 그러니 김선달을 처벌할 거면 물장수도 같이 처벌하라는 주장은 말이 안 됩니다.

염라 저 고얀 김선달이 천계에 와서도 사기를 치려 했군! 감히 나를 상대로. 으음.

검사 염라 판사님이 법을 잘 모르신다는 소문이 벌써 난 모양입니다.

염라 그 소문이 났다는 걸 검사가 또 어찌 아시오? 혹시 검사가 동네방네 소문내고 다닌 거 아니오?

검사는 찔끔해서 입을 닫았다.

염라 잠깐!

검사,
소크라테스 (동시에) 놀래라, 뭡니까?

염라 내가 얼마나 예리한 사람인지 보여 주겠소. 민사와 형사에 관해서 할 말이 있소. 봉이 김선달은 사기를 쳤고, 그건 형사 문제지. 하지만 그것과 별도로, 봉이 김선달은 상인들한테 거짓말로 돈을 받았으니 그 돈을 돌려주어야 하지 않소? 그리고 돈을 돌려주는 일은 민사이지 않소?

소크라테스 오오, 맞습니다!

염라 후후훗.

소크라테스 이런 의문을 품었다면 민사와 형사의 구별에 대해 완벽하게 이해를 한 것입니다.

염라 지금 날 칭찬한 것이오?

소크라테스 그런 셈입니다.

염라 어쩐지 기분이 썩 좋지만은 않군.

소크라테스 봉이 김선달이 대동강 물을 판 일은 형사 문제이면서 민사 문제이기도 합니다. 김선달이 사기를 쳐서 처벌받는 건 형사 문제입니다. 또 김선달은 상인들에게 돈을 돌려주어야 합니다. 이건 민사 문제입니다.

염라 그럼 혹시 재판도 둘이오?

소크라테스 그렇습니다. 형사재판과 민사재판.

염라 그냥 한꺼번에 해결하면 안 되오? 이랬다, 저랬다 하는 거 같아서 원….

소크라테스 형사와 민사는 성격이 다르고 적용되는 법도 다르니까요, 재판도 따로 해야 합니다. 봉이 김선달은 형사재판뿐만 아니라 민사재판도 따로 받게 됩니다.

염라 또 한 가지 의문이 있소.

소크라테스	또 뭡니까? (그만큼 입 아프게 설명했는데…)
염라	그 말투는 뭐요? 혹시 자다가 깨서 성질난 것이오?
소크라테스	그럴 리가요. 그리고 전 자고 있었던 게 아니라고 말씀드렸잖습니까.
염라	그렇다면 봉이 김선달처럼 범죄를 저지르면 자연적으로 민사 문제도 같이 생기게 되는 것 아니오?
소크라테스	짝짝짝.
염라	또 맞힌 모양이구려.
소크라테스	예. 봉이 김선달 사건에서처럼 형사가 생기면 민사도 같이 생깁니다. 형사는 남에게 해를 끼친 일입니다. 따라서 다른 사람에게 입힌 손해를 돈으로 물어 주어야 할 책임이 자동으로 같이 생기죠. 그건 민사입니다.
염라	봉이 김선달의 논리에 말려드는 바람에 얘기가 길어져 버렸군. 좀 헷갈리는데 끝으로 한 번 정리해 보시오. 유식한 척하는 어려운 말은 쓰면 안 되오.
소크라테스	알겠습니다. 정리를 하면 이렇습니다.
	법 문제는 크게 나누어 돈 문제인 민사와 범죄를 처벌하는 형사로 나눌 수 있습니다. 민사에는 민법이, 형사에는 형법이 적용됩니다. 그리고, 형사 문제가 생기면 돈으로 물어 주어야 하는 민사 문제가 늘 따라 생깁니다.
염라	정리하고 보니 쉽구먼. 간단하기도 하고.

소크라테스   형사와 민사의 구별만 알아도 법의 기초를 이해했다고 할 수 있습니다. 형법과 민법은 다른 원리로 움직입니다. 앞으로의 재판에서 형법과 민법의 원리를 차례대로 설명하도록 하겠습니다.

염라   그럽시다. 그럼 오늘의 재판은 이걸로….

검사   판사님!

염라   놀래라! 왜 그러시오?

검사   피고인 김선달에 대해서 선고를 하셔야지요.

염라   …하려고 했소! (앗차.)

검사   (아닌 것 같은데….)

염라   봉이 김선달은 유죄이며, 징역 5….

김선달   엣취!

염라   …을 선고합니다.

검사   김선달 씨. 이제 지옥계로 가세요. 징역 5년입니다.

김선달   전 5월로 들었는데요?

검사   무슨 소리! 5년입니다!

김선달   검사님이 잘못 들었어요. 분명 5월이었어요.

검사와 김선달은 옥신각신 싸우며 법정을 나갔다.

...

다음날 아침, 염라왕은 사무실에서 소크라테스와 차 한 잔을 마셨다.

"당분간 재판이 쭉 잡혀 있는 모양이더군요."

"음. 재판이 많이 밀려 있더군. 몇백 년 전 사건도 있어. 자네 사건만 해도 벌써 일어난 지 이천 년이 넘은 사건 아니었나."

"힘드시겠습니다."

"전임자였던 하데스 이 녀석이 일을 도대체 한 거야, 안 한 거야! … 엉? 자네 왜 말이 없나? 설마 하데스가 열심히 일했다고 생각하는 건 아니겠지?"

"그건 모르겠지만 형사재판이란 게 워낙 어렵긴 합니다. 제대로 하려면 시간이 걸릴 수밖에 없지요."

"형사재판? 형사가 무언가? 자네가 어제 이야기했다시피 '죄 지은 사람을 처벌하는 일'이지 않은가. 범죄자를 처벌하는 재판이 뭐가 그리 어렵단 말이야?"

"글쎄요. 재판에서 하나의 결론에 도달하는 게 쉽지만은 않습니다. 제일 먼저 '범죄가 무언지', '어떤 행동이 범죄에 해당하는지'부터가 문제가 되거든요."

"범죄? 뻔하잖아. 나쁜 짓이 범죄지. 살인, 절도, 사기 같은."

"맞습니다. 범죄는 나쁜 짓 중에서도 나쁜 짓을 골라서 따로 법에서 벌하도록 정해 놓은 겁니다. 당연한 이야기지요. 그럼 여기서 문제를 내보겠습니다."

"아, 아니, 갑자기 문제라니. 그만 하…."

"모르고 남의 책을 자기 가방에 넣어 갔으면 절도죄일까요. 아닐까요?"

"으음. 기어이 문제를… 아무튼 그건 절도가 아닐 것 같아."

"왜요?"

"왜라니…? 그냥 딱 들어 보니 아니구먼."

"그럼 불량배가 때린다고 협박해서 할 수 없이 남의 물건을 훔쳐 가져다주었으면 절도죄일까요, 아닐까요?"

"아닐…까? 아니 그래도 훔쳤으니 좀 처벌을 받아야… 하는 게 아닌 게 아닐까? 흠, 서서히 헷갈리는군."

"그렇습니다. 죄를 저지르는 것도 사람의 일이라, 이유도 가지가지이고 저마다의 사정이 있습니다. 그런 걸 싹 무시하고 단순 무식하게 '그 행동은 법에 어긋나니까 범죄야'라고 단정해서는 안 됩니다."

"(뜨끔) 그래. 하데스가 그런 식으로 했으니 욕먹었지."

"'그건 범죄야!'라고 판단하려면 몇 단계의 심사를 거쳐야 합니다."

"뭔데. 길게 말하지 말고 한마디로 요약 좀 해 주게."

"휴우."

"왜 한숨부터 쉬는가."

"그게 한마디로 요약되면 법이란 게 그렇게 어렵겠습니까."

"쳇, 그럼 요약 안 하면 돼지, 그리 사람을 타박을 주는가."

"앞으로 법정에서 천천히 말씀드리지요."

진술 2

죄에도
공식이 있다

죄가 되는 행위

양치기 소년은 그 후로도
거짓말을 계속 했을까?

(죄형법정주의)

염라	검사. 오늘 사건을 시작합시다.
검사	이번 사건의 피고인은 양치기 소년입니다.
염라	양치기? 별의 별 피고인들이 다 오는군.
검사	양치기라고 해서 전원에 사는 순박한 소년을 생각하시면 큰코다치십니다. 이 소년의 죄질은 아주 좋지 않거든요.
염라	어디 들어 봅시다.
검사	이 양치기 소년은 하루 종일 양을 돌보다가 심심해졌습니다. 너무 심심한 나머지 동네 사람들을 놀려 주기로 했습니다. 갑자기 늑대가 나타났다고 고래고래 소리쳤습니다. 놀란 동네 사람들은 양을 지키기 위해 농기구와 사냥 도구를

들고 허겁지겁 달려왔습니다. 하지만 거짓말인 걸 알고 화를 내고는 그냥 돌아왔습니다. 이런 일이 한두 번이 아니었습니다. 양치기 소년은 장난질에 재미를 느낀 나머지 몇 번이고 같은 거짓말을 하였습니다. 그래서 마을 사람들은 몇 번이나 거짓말에 속아 헛수고를 하였습니다. 나이 어린 소년치고는 죄질이 심히 좋지 못하죠?

염라   괘씸한지고. 벌 좀 받아야겠구먼.

검사   그렇습니다. 마을 사람들 모두 이 양치기 소년의 거짓말에 진절머리를 치고 있습니다. 무거운 처벌을 내려 주십시오.

염라   그러지. 피고인 양치기 소년을 징역….

소크라테스   판사님!

염라   헉. 소크라테스가 있었지. 익숙해질 법도 하건만 소크라테스 변호사가 소리칠 때마다 가슴이 벌렁벌렁하니 이거야 원… 내가 뭘 또 잘못한 게 있소?

소크라테스   물론입니다. 선고를 하시기 전에 생각하셔야 할 부분이 있습니다.

염라   뭐요?

소크라테스   본 법정은 죄에 대해서 벌을 내리는 법정이라는 점을 환기시켜드리고자 합니다.

염라   아니 그럼 내가 여기 놀러 와 있는 줄 아시오? 당연한 소리지!

소크라테스 염라 판사님은 양치기 소년을 회초리로 때리시려는 겁니까?

염라 회초리? 무슨 소리. 그런 건 학교에서 훈육할 때나 하는 거고. 이 법정은 피고인 양치기 소년을 감옥에 보내느냐 마느냐 하는 결정을 하는 곳 아니오.

소크라테스 맞습니다. 그럼 다시 물음을 바꾸어 보겠습니다. 양치기 소년은 벌을 받아야 할까요? 아이들이 잘못했을 때 선생님이 회초리로 때리는 그런 벌이 아니라 법으로 내리는 **형벌** 말입니다.

염라 조금은 벌을 받아야 하지 않겠소? 거짓말로 그렇게 마을 사람들을 괴롭혔는데.

소크라테스 과연 그럴까요?

염라 으음… 왠지 마음을 불안하게 흔드는군. 아무튼 거, 뭐, 내가 꼭 심한 벌을 내리겠다는 건 아니오. 징역 10년씩 뭐 이렇게 심하게는 아니더라도 조금은 벌을 받아야 하지 않겠냐는 거지.

소크라테스 제가 아침에 말씀드렸죠. 어떤 행동이 범죄에 해당하려면 몇 가지 필요한 기준이 있다고.

염라 그랬던가? 요즘 기억력이… 하여간 말해 보시오.

소크라테스 민주주의 국가에서 사람을 처벌하는 데에는 **죄형법정주의** 라는 대원칙이 있습니다.

염라   죄형법정… 뭐? 내가 어려운 말은 하지 말랬지!

소크라테스   어쩔 수 없습니다. 죄형법정주의는 민주주의 국가에서는 가장 기본 중의 기본이니까요. 이 정도도 모른다면 민주주의를 모른다는 말과 같은 말로서….

염라   (모욕적이군) 알았소, 어디 설명해 보시오.

소크라테스   죄형법정주의란 '법률 없으면 범죄도 없고, 형벌도 없다'라는 말로 풀어 쓰기도 합니다. 다시 말하면, **어떤 행동이 범죄로 되는지, 어떤 처벌을 할 것인지는 미리 법률에 정해져 있어야 한다**는 것입니다.

누군가에게 형벌을 내린다는 건 참으로 중대한 일입니다. 감옥에 갈 수도 있고, 많은 벌금을 물 수도 있습니다. 그런 중요한 일을 법에 정해 놓지 않고 마구잡이로 해서는 안 되겠지요? 법으로 정하지 않는다면, 결국 힘 있는 사람이 '저건 나쁜 짓이야'라고 마음대로 판단하고, 벌도 내리게 될 겁니다.

염라   맞아. 그래서야 안 되겠지. 근데 말이 좀 어렵소.

소크라테스   쉽습니다. 글자 그대로 '**죄**와 **형**벌은 미리 **법**으로 **정**해 놓아야 한다는 **주의**'입니다. 굵은 부분을 붙여 읽어 보십시오.

염라   아니, 뭘 그런 것까지 시키려고….

소크라테스   어서요.

염라   (거참 민망하게…) 죄.형.법.정.주.의.

소크라테스	그렇습니다. 옛날에는 그랬습니다. 왕이 좋고 나쁨을 판단했습니다. 법을 어기지 않았더라도 단지 밉다는 이유로 처벌하는 경우도 있었지요. 꿀밤 몇 대 맞을 사소한 잘못으로 사형을 시키기도 했습니다. 이런 일이 일어나서는 안 됩니다. 그래서 원칙을 세웠습니다. 어떤 행동이 죄가 될지, 그리고 죄가 된다면 어떤 벌을 내릴지 미리 법으로 정해 놓아야 한다고 말입니다. 반대로 누군가 나쁜 짓을 했다고 해도, 처벌하는 법이 없다면 처벌할 수 없도록 했습니다. 그것이 죄형법정주의입니다.
염라	좋은 이야기요. 하지만 좀 납득이 안 가는 점도 있소. 나쁜 짓이 분명한데도 처벌할 법이 없다는 이유로 내버려 둬야 한다면 좀 그렇지 않소? 그래도 나쁜 짓은 혼내 주는 게 정의에 맞지 않겠소?
소크라테스	하지만 그건 결국 '법대로'가 아니라 '마음대로' 벌하는 것에 지나지 않습니다. 그 '나쁜 짓'이란 걸 도대체 누가 판단합니까?
염라	…그거야 대충 알 수 있지 않소?
소크라테스	나쁜 짓인지 아닌지 사람들의 의견이 갈릴 때도 있습니다. 그럴 때는 어떻게 하시겠습니까?
염라	투표로 하면 어떻소?
소크라테스	안 됩니다. 그럴 때는 법을 기준으로 판단해야 합니다. 그

러지 않으면 힘 센 사람들 마음대로 형벌이 결정되게 될 것입니다.

염라 음. 법이란 게 판사 맘대로 할 수 있는 것도 아니군. 그럼 이 사건으로 다시 돌아와 봅시다. 양치기 소년은 그래서 처벌해야 한단 말이오, 처벌해서는 안 된단 말이오?

소크라테스 양치기 소년은 마을 사람들을 괴롭히고 불편하게 했습니다. 그래서 마을 사람들은 소년에게 굉장히 화를 내고 있습니다. 하지만 양치기 소년을 처벌해서는 안 됩니다. 늑대가 나왔다는 거짓말로 장난을 쳤다고 해서 처벌하는 법은 없기 때문입니다.

염라 알았소. 그럼 양치기 소년에게 무죄를 선고하겠소.

염라왕은 선고하면서 슬쩍 검사의 눈치를 보았다. 염라왕이 무죄를 선고하는데도 의외로 검사는 별 다른 항의나 움직임이 없었다. 염라왕이 막 가슴을 쓸어내리는데, 검사가 문득 오싹하게 웃었다.

염라 이보시오, 검사. 그 웃음의 의미는 뭐요?

검사 사건이 한 건 더 있지요. 그리고 이 건은 유죄가 확실합니다.

염라 한 건 더? 좀 쉬었다 합시다.

검사 이어서 하시는 게 좋을 겁니다. 앞의 사건과 비슷한 사건입니다.

염라　　비슷한 사건이라고?

　검사가 손짓을 하자 법정 경위가 한 소년을 데리고 법정 안으로 들어왔다.

염라　　이 소년은 또 누구요?

검사　　늑대가 나타났다고 거짓말을 한 또 다른 양치기 소년입니다. 이번 피고인을 '양치기 소년 The second'라고 부르겠습니다.

염라　　그거야 마음대로 부르시구려. 그래 어떤 사건이오?

검사　　이 양치기 소년도 똑같이 늑대가 나타났다고 거짓말로 여러 번 장난을 쳤습니다. 견디다 못한 마을 사람들이 회의를 열었습니다.

"양치기 소년의 장난 때문에 불편이 막심합니다. 하도 속다 보니 이젠 실제로 늑대가 나타났다고 해도 안 믿을 판입니다. 앞으로는 늑대가 나타났다고 거짓말하는 일을 법으로 엄하게 처벌하도록 합시다." "옳소, 옳소." 이렇게 해서 그때부터 마을에는 늑대가 나타났다고 거짓말하면 처벌하도록 법이 새로 생겼습니다.

염라　　오호라.

검사	조금 전에 소크라테스 변호사가 죄형법정주의니 뭐니 어려운 말을 했습니다. 물론 맞는 말입니다. 그런데 죄형법정주의에 따라서도 양치기 소년 The second는 처벌되어야 합니다. 늑대가 나타났다고 거짓말하는 짓을 처벌하는 법을 만들었으니까요. 다시 말해 **죄**와 **형**이 **법**으로 **정**해졌습니다. 양치기 소년 The second는 이 법에 따라 처벌을 받아야 합니다.
염라	어디 보자… 어디를 보아도 틀린 말이 없네. 이젠 법이 생겼으니까 소년을 처벌할 수 있는 거잖아. 소크라테스 변호사도 이의 없겠지? 흠흠, 피고인 양치기 소년 The second를 징역….
소크라테스	판사님! 안 됩니다.
염라	또 뭐가 안 된단 말이오! 죄형법정주의인지 뭔지에 따르더라도 여하튼 이젠 처벌하는 법이 있다지 않소.
소크라테스	죄형법정주의란 '어떤 행동이 범죄로 되고 어떤 처벌을 할 것인가는 미리 법률에 정해져 있어야 한다'는 것이라고 했습니다. 그런데 여기서 주의를 기울여야 하는 곳이 '미리'라는 부분입니다.
염라	미리?
소크라테스	예. 행동을 하기 전에 '미리' 그 행동은 범죄가 된다고 정해져 있어야 한다는 것입니다. 행동을 하고 난 다음에는 법을

만들어도 처벌할 수 없습니다. 법률 용어로는 '소급효가 금지된다'라고 표현합니다.

염라 잠깐, 어려운 말은 하지 말고….

소크라테스 알겠습니다. 그런 법률 용어는 전혀 중요하지 않습니다. 어쨌든 행동을 할 때는 없었던 법이 나중에 생겨서는, '그때 당신의 행동은 범죄였습니다'라고 하면서 처벌한다면 억울하지 않겠습니까?

염라 그럴 법도 해. '그땐 가만있다가 이제 와서 왜?' 하는 불만이 생기겠지.

소크라테스 바로 그겁니다. 그렇게 되면 우리는 언제 어떻게 처벌될지 모른다는 불안에 떨면서 살아야 합니다. 자유롭게 행동을 할 수도 없게 됩니다. 지금은 아무 문제없는 행동일지라도 나중에 뚱딴지같은 법이 만들어지면 처벌될 수 있으니까요. 죄형법정주의는 그런 일을 피하게 해 줍니다.

염라 쩝, 틀린 말은 아니네….

소크라테스 장난을 금지하는 법이 새로 생겼다 하더라도, 양치기 소년이 예전에 쳤던 장난을 벌할 수는 없습니다.

염라 만약 법이 생긴 뒤에 소년이 또 장난을 친다면?

소크라테스 그건 처벌됩니다.

염라 흠. 그렇군. 자, 그러면 검사, 어떻소? 피고인 양치기 소년 The second가 법이 생긴 뒤에도 늑대가 나타났다고 거짓말을 했소?

검사   그, 그건 아닙니다. 예전에 했던 거짓말이 워낙 못된 짓이

어서….

염라   두말할 필요 없소. 피고인 양치기 소년 The second 역시

무죄를 선고하는 바이오. 땅 땅.

무죄 선고가 나자 검사의 표정이 잔뜩 일그러졌다.

검사   염라 판사님! 요즘 계속 무죄, 무죄입니다. 뭔가 잘못된 거

아닙니까?

염라   법에 따라 판결을 한 것뿐이오. 죄형법정주의 모르오? 죄

형법정주의!

검사   …(시무룩).

염라   검사가 자꾸 억울한 사람을 법정에 데리고 와서 그런 거 아

니오?

소크라테스   염라 판사님. 그건 검사님의 잘못만은 아닙니다. 제 탓이기

도 합니다.

염라   허어. 이젠 검사까지 변호할 작정이오? 소크라테스 변호사

가 무슨 잘못이 있단 말이오?

소크라테스   아무래도 제가 변론을 좀 덜 잘했더라면….

염라, 검사   ….

동쪽 마녀를 죽인
도로시는 죄가 있을까?

(고의와 과실)

염라왕이 법정에 들어섰을 때 검사는 얼굴을 잔뜩 찌푸린 채 앉아 있었다.

염라   (요즘 무죄가 많아서인지 검사 표정이 좋지 않군. 털털한 척 가벼운
         분위기로 기분이나 풀어 줄까…) 허허허, 욱 검사. 오늘은 무슨
         화난 일이 있는 모양이구려!

검사   염라 판사님! 엄중하게 항의하는 바입니다!

염라   엉? 항의라니 무슨?

검사   요즘 제가 법정에서 불뚝 성질을 부린 적이 있었습니까?

염라   없었지. 요즘엔.

검사	그런데 왜 자꾸 욱 검사라고 부르십니까!
염라	…알았소(지금 욱한 거 같은데…).

피고인석에는 금발 머리의 어여쁜 소녀가 앉아 있었다. 가지런히 모은 발에 신겨져 있는 새빨간 루비 구두가 눈에 띄었다.

염라	검사, 설마 오늘 저 소녀가 피고인이란 말이오?
검사	그렇습니다.
염라	아니 저렇게 예쁜 소녀가 대체 무슨 죄를 지었단 말이오?
검사	살인입니다.
염라	허억, 살인?
검사	예. 그리고 외모 지상주의 발언은 삼가해 주시기 바랍니다. 얼굴이 예쁘다고 죄를 짓지 말라는 법은 없으니까요.
염라	으음. 아무튼 사건을 이야기해 보시오.
검사	피고인 도로시는 캔자스 주 시골의 한 농장에서 엠 아주머니와 살고 있었습니다. 어느 날 갑자기 무시무시한 회오리바람이 불어 닥쳤습니다. 도로시는 집 안으로 도망쳐 들어갔지만 거센 회오리바람에 집까지 송두리째 날아가게 되었습니다. 도로시의 집은 오즈라는 마법의 나라로 날아가서 떨어졌습니다. 그런데 하필 그 아래에 나쁜 동쪽 마녀가 있어서 도로시의 집에 깔려 죽고 말았습니다. 도로시는 마

녀의 죽음에 대해 살인죄의 책임을 져야 합니다.

염라   마녀가 죽었으면 차라리 잘된 것 아니오? 그 마녀는 나도 좀 아는데, 사람을 몇이나 해친 고약한 할망구였어.

검사   염라 판사님! 법은 모두에게 평등합니다. 사람의 목숨은 어떤 경우에도 소중합니다!

염라   마녀는 사람이 아니지 않소.

검사   마녀도 근본은 사람입니다. 마녀는 죽여도 된다면, 염라 판사님도 어차피 귀신이니 죽여도 된다고 하겠습니까?

염라   그, 그건 말도 안 돼!

검사   그러니 피고인 도로시를 엄벌에 처해 주십시오.

염라   그런데… 왠지, 뭐랄까, 어쩐지, 도로시가 책임질 필요는 없을 것 같은데….

검사   왠지가 뭡니까, 왠지가! 도로시가 책임이 없다는 논리적이고 법률적인 설명을 하십시오. 아니라면 도로시에게 책임을 지도록 하는 게 맞지 않습니까?

염라   으음. 이거 곤란한데. 이상하다… 이쯤에서 판사님! 하면서 소크라테스 변호사가 튀어나올 법도 한데.

염라왕이 도움을 요청하는 눈길로 변호인석을 쳐다보았지만 텅 비어 있었다.

염라	엉? 소크라테스 변호사 어디 갔소?

법정 경위가 다가와서 "소크라테스 변호사님은 늦잠을 자는 바람에 좀 늦는다고 합니다"라고 알렸다.

염라	…이런.
검사	어서 도로시를 처벌해 주십시오. 논리도 없이 어쩐지, 왠지 라는 말은 법정에서 통하지 않습니다.
염라	아직 변호사가 도착하지 않았잖소. 좀 기다립시다.
검사	변호사가 늦잠 잔다고 피고인이 무죄로 되어서야 되겠습니까? 마땅한 논리를 대지 못할 거면 도로시를 엄벌에 처해 주십시오.

염라왕이 진땀을 흘리고 있는데, 법정 문이 열리면서 부스스한 머리의 소크라테스가 허겁지겁 뛰어 들어왔다.

염라	오. 소쿠리 변호사!
소크라테스	소쿠리라뇨? 왜 이름을 함부로 바꾸십니까!
염라	반가운 맘에 그만… (오늘따라 모두 욱하는 인간들뿐이구먼.) 어쨌건 이 사건을 알지요? 어서 변론해 보시오.
소크라테스	잠시 숨 좀 돌리고요.

소크라테스는 염라왕의 타는 속도 모른 채 물을 느긋하게 들이켰다.

소크라테스 염라 판사님. 도로시의 사건을 이야기하기 전에 먼저 고의,
과실이란 것에 대해서 이야기하려 합니다.

검사 변호사님! 도로시를 처벌하느냐 마느냐를 두고 재판 중인
데 거 무슨 뜬금없는 소리입니까? 재판을 질질 끌려는 수
작 아닙니까?

소크라테스 수작이 아닙니다. 조금 전 들어오다 보니 검사님이 염라 판
사님한테 논리적이고 법률적인 이유를 대라고 다그치시던
데요. 지금부터 논리적이고 법률적인 이야기를 하기 위해
서 그 이야기를 꺼내는 겁니다.

검사 염라 판사님! 변호사는 늦잠 자서 늦은 주제에 또 재판을
끌려 하고 있는 게 분명합니다.

염라 거 좀 들어 봅시다. 혹시 소크라테스 변호사가 말하기 시작
하면 재판이 불리해질까 봐 자꾸 그러는 거 아니요?

검사 아, 아닙니다.

그 틈을 타 소크라테스가 잽싸게 말하기 시작했다.

소크라테스 고의와 과실의 뜻은 매우 쉽지요. '일부러 어떤 행동을 하
는 것'을 고의 행위라고 하고, '실수로 어떤 행동을 하는

것'을 과실 행위라고 합니다. 더 간단하게 말하면, '일부러' 는 고의고 '실수로'는 과실입니다.

염라 그걸 모르는 사람도 있소? 그런 얘기가 여기서 무슨 소용 이 있소?

소크라테스 관련이 있습니다. 고의와 과실을 법에서 어떻게 다루는지 에 관한 이야기이기 때문입니다. 그리고 고의와 과실은 형 법과 민법에서 각각 다르게 취급됩니다.

검사 이의 있습니다! 여기서 민법 이야기는 또 왜 나옵니까? 변 호사의 입을 틀어막아 주십시오!

염라 아무리 그래도 입을 어떻게 틀어막겠소? 변호사도 딴 길로 새지 말고 일단 관련 있는 이야기만 해 주시오.

소크라테스 알겠습니다. 그럼 알아듣기 쉽게 민법 이야기는 빼고, 형 법에서 고의와 과실을 어떻게 보는지 차이를 알아보겠습 니다.

① 맹구는 영구의 자전거를 훔칠 생각으로 몰래 타고 갔습 니다.

② 맹구는 영구의 자전거를 자기 것으로 착각하고 타고 갔 습니다.

영구가 자전거를 잃어버렸다는 결과는 같습니다. 염라 판 사님, 어떻습니까? 결과가 같기 때문에 두 행동이 같은 거 라고 생각하십니까?

염라　나한테 묻지 말고 그냥 이야기하시오. …어찌 됐건 좀 다르긴 다른 것 같은데. ①은 나쁜 짓이고, ②는 그냥 실수고….

소크라테스　비슷합니다. 하지만 ①은 나쁜 짓이고, ②는 그냥 실수고… 이런 식으로 이야기하면 검사님한테 법의 아마추어란 말밖에 못 듣습니다.

염라　좀 불쾌하군. 그럼 어떻게 이야기해야 하오?

소크라테스　①은 고의로 한 행동이고, ②는 실수, 즉 과실로 한 행동입니다.

염라　그게 그거구먼.

소크라테스　그럼 다른 예를 들어볼까요?

③ 맹구는 영구의 머리를 주먹으로 때렸습니다.

④ 맹구는 팔을 휘두르다가 그만 영구의 머리를 맞히고 말았습니다.

영구가 머리를 맞았다는 결과는 같습니다. 어떻습니까? 두 사람의 행동은 과연….

염라　그만 하시오! 내가 영구로 보이시오? 예는 하나면 족하오. ③은 맹구가 고의로 한 행동이고, ④는 과실로 한 행동이고, 그런 거 아니오!

소크라테스　맞습니다. 그럼 형법에서, 이 고의와 과실은 어떤 차이가 있을까요? 왜 형법은 고의와 과실을 이토록 구분하려 하는 걸까요?

염라	나한테 묻지 말라니깐.
소크라테스	고의와 과실을 구분하는 데는 이유가 있습니다. 고의로 한 행동만이 죄가 되기 때문입니다. '일부러' 한 행동만이 범죄로 됩니다. '실수로' 한 행동은 처벌하지 않습니다. 이건 유죄냐 무죄냐를 가르는 중대한 문제입니다. 그래서 고의와 과실을 구별하는 것입니다.
염라	그럼 실수(과실)로 한 건 어찌 되오?
소크라테스	과실로 벌어진 일은 원칙적으로 벌하지 않습니다.
염라	아예? 전혀?
소크라테스	실수는 조심하지 않은 것이지요. 못된 마음을 먹고 한 건 아닙니다. 한 번 실수는 병가지상사兵家之常事라는 속담이 있습니다. 실수는 누구나 하는 것이니 괜찮다고 위로해 줄 때 많이 쓰는 말이죠. 속담과 마찬가지입니다. 법에서도 실수는 너그럽게 보아주는 것입니다. ②에서 맹구가 자기 것으로 착각하고 영구의 자전거를 타고 간 행동은 죄가 되지 않습니다. 고의가 없기 때문입니다. '과실'로 한 행동이지요. ④에서 맹구가 팔을 휘두르다가 잘못해서 영구의 머리를 맞힌 행동은 죄가 되지 않습니다. 고의가 없기 때문입니다. '과실'로 한 행동이지요.
염라	법에서도 실수는 많이 봐주는구먼….

소크라테스	하지만!
염라	헉. 거 소리 좀 지르지 마시오.
소크라테스	꼭 알아 두어야 할 것이 있기 때문에 강조하다가 그만… 아무튼 고의적인 행동만을 처벌한다고 했지요? 하지만 여기엔 예외가 있습니다. 과실인데도 처벌하는 경우가 있습니다. 법에서 특별히 정해 놓은 몇 가지 경우에는 과실로 한 행동도 처벌됩니다. 결과가 너무나 중한 때에는 '좀 더 조심했어야지!' 하는 의미에서 실수도 처벌하는 것입니다.
염라	그건 어떤 경우요?
소크라테스	첫째는 사람이 죽은 경우입니다. 실수해서 사람을 죽게 하면 처벌받습니다. 또, 실수로 사람을 다치게 해도 처벌받고, 실수로 큰 불을 낸 경우도 처벌합니다.
염라	좀 겁나는데. 불을 내면 실수라 하더라도 처벌받는단 거잖아.
소크라테스	그렇긴 합니다만, 과실로 사람을 죽게 하거나 다치게 하거나 불을 낸 경우에는 고의로 한 경우보다 처벌이 훨씬 약합니다. 못된 마음을 먹고 그런 게 아니니 처벌도 약하게 하는 게 당연하겠지요?
염라	과실은 특별히 법에서 정한 때에만 처벌한다니, 실제로 그리 많지는 않겠구려.
소크라테스	글쎄요. 실제로는 굉장히 많이 일어납니다. 우리 주변에서

흔하게 볼 수 있지요. 무엇일까-요?

염라   묻지 말랬지! 약 올리는 거요, 뭐요!

소크라테스   (찔끔) 정답은 쉽습니다. 교통사고입니다. 교통사고는 운전 실수로 사람을 죽거나 다치게 하는 사고입니다. 실수지만 법에서는 처벌하도록 정해 놓았지요. '운전이란 게 원래 위험한 거니 좀 더 조심해서 운전하시오'라는 뜻에서입니다.

염라   이야기가 길어져서 좀 헷갈리는구려.

소크라테스   간단하게 정리하면 이렇습니다.

고의만을 처벌하고, 과실은 처벌하지 않습니다. 예외적으로, 법에서 정해 놓은 경우에는 과실도 처벌합니다. 사람이 죽거나 다친 때, 불을 낸 때입니다.

염라   그 정도면 알겠소. 자, 그럼….

소크라테스   잠깐. 끝나지 않았습니다.

염라   뭐요, 또?

소크라테스   민법과 잠깐 비교를 해 봐야 합니다. 민법에서는 고의와 과실을 형법과 다르게 취급합니다.

검사가 책상을 쾅 치며 벌떡 일어섰다.

검사   변호사님! 지금까지 지루해서 잠 오는 걸 억지로 참아 주었는데, 이젠 또 민법 이야기입니까? 민법이 뭡니까? 쉽게 말해 돈 문제 아닙니까. 도로시를 처벌하느냐 마느냐 하는 판국에 민법 이야기를 왜 꺼냅니까? 역시 재판을 지연하려는 수작 아닙니까?

염라　내가 들어도 좀 그렇소. 사건과 관계없는 민법 이야기는 그만 두시오.

소크라테스　관계가 있습니다. 지난번 민사와 형사에 관해 말씀드렸던 거 기억 안 나십니까?

염라　어디 한두 마디였어야지… 무슨 이야기 말이오?

소크라테스　형사 문제가 생기면 민사 문제도 따라서 생긴다는 말이오.

염라　그랬지. 기억이 나.

소크라테스　도로시의 집에 깔려 죽은 마녀의 가족들이 도로시를 상대로 돈을 물어내라고 민사재판을 하고 있다고 합니다. 지금 도로시는 형사재판과 민사재판 둘 다 받는 힘든 상태입니다. 그래서 민법 이야기를 하려는 겁니다.

염라　아니, 이런 불쌍할 데가 다 있나.

　도로시의 큰 눈에서 눈물이 방울져 빨간 루비 구두 위로 뚝뚝 흘러내렸다.

검사　말이 안 돼요! 이 법정은 도로시를 처벌할지 말지 결정하는 형사재판을 하는 곳입니다. 민사재판 이야기는 거기 가서 하세요.

염라 시끄럽소! 검사는 왜 그리 인정머리가 없소? 애가 울잖아!

검사 윽.

염라 소크라테스 변호사. 계속 말해 보시오.

소크라테스 **민법에서는 고의와 과실이 똑같이 취급됩니다.**

염라 오호.

소크라테스 아시다시피 다른 사람에게 손해를 입혔을 때는 돈으로 물어 주어야 합니다. 이때 고의와 과실은 같이 취급됩니다. 일부러 했건, 실수로 했건 똑같이 배상해 주어야 한다는 거죠. 남의 집 유리창을 깨트린 경우를 한 번 생각해 볼까요? 일부러 깬 경우나, 야구공을 던지다가 실수로 깨트린 경우나 유리창이 깨져서 입은 손해는 같습니다. 그러니 똑같이 유리창 값을 물어 주어야 하는 겁니다.

염라 '실수로 깼으니까 좀 깎아 주세요.' 이런 건 안 되는 거로 군. 그렇다면, 고의는 물론 과실조차 없다면 어떻게 되오?

소크라테스 그렇다면 어떠한 경우에도 처벌받지 않습니다. '범죄'가 아니라 '사고'이기 때문이죠. 돈으로 물어 줄 필요도 없습니다. 형법에서든 민법에서든 일체 책임을 지지 않는 거죠.

염라 알겠소. 이쯤 했으면 도로시의 재판을 할 수 있을 것 같은데.

소크라테스 예. 피고인 도로시 사건으로 돌아가 보겠습니다.

캔자스의 돌풍에 도로시의 집이 휘말려 올라갔습니다. 그리고 그 집이 오즈의 나라에 떨어지면서 마녀가 깔려 죽었습니다. 모든 건 회오리바람 때문입니다. 도로시에게는 고의나 과실이 없었다고 봐야겠지요.

염라 옳거니.

소크라테스 염라 판사님. 이제는 동쪽 마녀의 죽음에 대해 법으로 명쾌하게 판결하실 수 있겠지요?

염라 물론이오. 피고인 도로시는 고의도 없었고 과실도 없었소. 따라서 어떤 책임도 질 필요가 없소. 도로시는 무죄요. 물론 민사재판에서도 배상할 필요 없소.

검사 헉. 또 무죄를….

염라 매우 논리적이고 법률적인 근거에서 판결한 것이오. 이의 없겠지요? (검사를 외면하며) 도로시 양. 이제 가도 좋아요.

도로시는 방긋 웃으며 자리에서 일어섰다. 도로시의 예쁜 눈동자만큼이나 반짝반짝 빛나는 빨강 구두가 염라왕의 눈에 들어왔다.

염라 도로시 양, 거 빨강 루비 구두가 참 예쁘긴 한데, 아쉽게도 군데군데 칠이 벗겨져서 흰색이 드러나 버렸군.

도로시 호호, 염라 아저씨. 이거 루비 구두 아니에요.

염라	루비 구두가 아니라고? 빨강이라서 내가 잘못 보았나.
도로시	제 구두는 원래 흰색이에요, 흰색. 빨간 건 피예요.
염라	피라고?
도로시	호호홋, 동쪽 마녀를 밟아 죽일 때 구두에 피가 잔뜩 묻었거든요.

입을 쩍 벌린 염라왕과 검사, 소크라테스를 뒤로 하고 도로시는 사뿐사뿐 법정을 걸어 나갔다.

윌리엄 텔은
정말 명사수일까?

(미필적 고의와 인식 있는 과실)

염라   검사. 기분이 좋아 보이오. 싱글벙글하는 얼굴은 오랜만에 보오.

검사   후훗. 오늘은 유죄가 확실하거든요.

염라   어디 보자… 음. 피고인 인상이 안 좋네. (조그만 목소리로) 산적 같아. 오늘은 정말 유죄일지도….

소크라테스   염라 판사님!

염라   아, 아니. 혼잣말도 못하오. 자, 어서 재판 진행합시다. 검사, 말해 보시오.

검사   14세기에 오스트리아가 스위스를 지배할 때의 사건입니다. 스위스에는 윌리엄 텔이라는 활의 명수가 있었습니다.

물론 윌리엄 텔은 오늘의 저 피고인 이름입니다. 판사님이 산적 같다고 하신….

염라   검사! 내가 언제 그런 말을 했다고….

검사   (싹 무시하고) 오스트리아 총독은 오스트리아 왕을 상징하는 모자를 말뚝에 걸어 놓고 사람들에게 인사하도록 시켰습니다. 애국심이 강한 피고인 윌리엄 텔은 모자에 인사를 하지 않았습니다. 화가 난 총독은 윌리엄 텔에게 여섯 살 난 아들의 머리 위에 사과를 올려놓고 사과를 활로 쏘도록 하는 벌을 내렸습니다.

자칫 실수하면 아들이 죽을 수도 있었습니다. 하지만 활의 명수인 윌리엄 텔은 사과를 명중해서 떨어뜨렸습니다. 오스트리아 총독의 코를 납작하게 만든 윌리엄 텔은 아들을 데리고 유유히 떠나갔습니다. 이 일 이후 윌리엄 텔은 스위스의 애국자, 영웅으로 유명해졌습니다.

염라   아니, 그럼 첫인상과는 달리 산적이 아니라 훌륭한 인물 아니오.

검사   아들의 머리 위에 놓인 사과를 향해 활시위를 당겼을 때는 아무리 윌리엄 텔일지라도 등골이 서늘했을 겁니다. 조금만 실수해도 아들이 죽을 수 있기 때문이죠. 윌리엄 텔은 결국 사과를 명중시켰습니다. 하지만 쏘기 전에는 무척이나 심장이 떨리고 결과를 장담할 수 없는 위험한 일이었습니다.

염라 그래서 뭐가 어떻단 얘기요. 죄가 없는 거 같은데. 빨랑빨
랑 천국으로 보냅시다.

검사 여기서 문제!

염라 헉. 또 갑자기 소리를 지르다니….

검사 윌리엄 텔은 아들이 아니라 사과를 맞추어 영웅이 되었습
니다. 하지만 만약 아들이 맞았다면 죽었을 겁니다. 그렇다
면 윌리엄 텔은 결과적으로 살인을 하지는 않았다 하더라
도, 살인 미수가 되지 않겠습니까?

염라 살인 미수?

검사 혹시 모르실까 봐 말씀드리지만, '미수'란 범죄를 저지르
려 시도했지만 결과가 발생하지 않은 경우를 말합니다. 물
건을 훔치려 남의 집 담을 넘었다가 개 짖는 소리에 놀라
도망 나왔다면 절도 미수인 것이고, 집에 불을 지르려 담장
너머로 성냥불을 던져 넣었는데 불이 붙지 않았으면 방화
미수가 됩니다.

염라 허어, 날 무시하지 마시오. 그 정도도 모르겠소?

검사 (실컷 설명 다 들어 놓고는…) 어쨌든 활로 사람을 향해 쏘아
사람을 죽일 뻔했는데 결과적으로 머리 위 사과에 맞아 죽
음을 피한 것이니, 살인 미수가 됩니다.

염라 왠지 그건 아니라는 강력한 느낌이 뒤통수를 타고 오르는

구려.

검사   염라 판사님! 또 그놈의 왠지 타령입니까?

염라   후후훗. 오늘은 아니지. 소크라테스 변호사! 변론은 준비했겠지요?

소크라테스는 "물론입니다" 하며 자신만만한 몸짓으로 자리에서 일어났다.

검사   지겹다, 지겨워. 또?

소크라테스   검사님. 그 혼잣말 다 들립니다.

검사   오늘은 쉽지 않을 거요. 어디 들어 줄 테니 변론이나 해 보시죠.

소크라테스   앞서 도로시 사건에서 이야기한 고의, 과실의 문제를 생각해야 한다고 주장하는 바입니다.

염라, 검사   도로시는 언급하지 맙시다. 우리 모두 안 좋은 기억이 있잖아요.

소크라테스   뭐, 저도 그렇습니다만, 지난 일은 잊고 어쨌든 재판은 해야 하지 않습니까. 그때 제가 뭐라고 말했습니까? 범죄로서 처벌하려면 '고의'가 있어야 한다고 했지요? 남을 해치겠다는 분명한 생각 말입니다.

검사   아-함. 같은 말을 또 들으니 벌써 지겨워지네요.

소크라테스	윌리엄 텔에게 고의가 있었습니까? 아들을 해치려는 고의 말이죠.
염라	그야 물론 없었겠지.
소크라테스	그렇습니다. 윌리엄 텔이 활로 아들을 맞출 뻔했지만 고의는 없었습니다. 따라서 범죄가 되지 않고 당연히 살인 미수로도 되지 않지요.
염라	그렇군! 죄가 안 되는 거였어.
검사	<u>흐흐흐.</u>
염라	엉? 검사, 왜 웃으시오? 소크라테스 변호사 말이 맞는 거 같은데.
검사	소크라테스 변호사는 오소리 같은 말로 법정을 홀리고 있습니다.
소크라테스	오소리라뇨? 무슨 그런 말씀을···.
검사	소크라테스 변호사가 이야기한 보통의 고의와는 조금 다른 종류의 고의가 있습니다.
염라	다른 종류의 고의?
검사	그렇습니다. 남을 해치겠다는 확실한 생각까지는 없다 하더라도, 남이 다칠 것을 알면서 '그러든 말든' 상관없이 행동을 하는 경우가 있을 수 있습니다.
염라	그냥 그렇게만 말하면 잘 이해가 안 돼. 예를 들어 보시오.
검사	이를테면 이런 것입니다.

① 건물 위에서 벽돌을 던지면 사람이 다칠 것을 알면서 '다치든 말든'이라고 생각하고 벽돌을 내던져 사람이 맞아 다친 경우

② 상한 우유를 학급 냉장고에 넣어 놓으면 누군가가 마시고 배탈이 날 수 있다는 것을 알면서 '배탈이 나도 상관없다'라고 생각하고 상한 우유를 냉장고에 넣어 놓아 친구가 그것을 마시고 배탈이 난 경우

이런 고의를 '미필적 고의'라고 합니다.

염라   대충 알 것 같긴 하오. 근데 말이 왜 그리 어렵고 배배 꼬였소? 미필적이 뭐요, 미필적이.

검사   제가 만든 말이 아닙니다.

염라   아니, 검사를 나무란 것이 아니라….

검사   (말을 자르며) '미필적'이란 말은 '필연적이지 않은'이란 뜻으로 이해하면 됩니다. 더 풀어서 말하면 '꼭 그런 일이 필연적으로 일어나지는 않지만, 그래도 상관없다'는 식의 고의입니다.

염라   알았어, 알았어. 그래서 미필적 고의가 뭐 어쨌단 거요?

검사   이 미필적 고의는 고의입니다. 그래서 보통의 고의와 같이 처벌합니다.

염라   흠. 처벌해야 할 것 같긴 해.

검사   윌리엄 텔은 아들이 죽을지도 모르는 위험한 상황에서 활

을 쏘았습니다. 아들을 죽이겠다고 쏜 건 아니지만, 아들이 '죽든 말든' 쏜 거지요. 바로 미필적 고의입니다. 윌리엄 텔은 살인 미수로 처벌받아야 합니다.

염라   그, 그렇네. 검사 말 들어 보니 윌리엄 텔 이 인간 안되겠구먼.

소크라테스   잠. 깐. 만.

염라   뭔데 또 무게를 잡으시오.

소크라테스   검사님께 한 가지 묻겠습니다.

검사   뭡니까? 괜히 시간 끌려는 거 아닙니까?

소크라테스   미필적 고의도 고의이고, 처벌되는 건 맞습니다.

검사   그런데요.

소크라테스   그럼, 미필적 고의도 없다면 처벌되지 않겠지요?

검사   그야 그렇죠.

소크라테스   바로 그겁니다. 윌리엄 텔에게는 미필적 고의도 없었습니다.

검사   무슨 소립니까. 아들이 죽든 말든 활을 쏘지 않았습니까?

소크라테스   그럼 다시 묻겠습니다. 윌리엄 텔은, '아들이 죽든 말든 상관없다'고 생각하고 활을 쏘았습니까? 아니면 자신의 활 솜씨를 믿고 '설마 내가 아들을 죽이겠어?' 하고 활을 쏘았습니까?

검사   그게 그거죠.

소크라테스	둘은 다릅니다. '활로 아들을 맞혀도 좋아'라고 하는 것과 '설마 아들을 맞추겠어?'라고 하는 건 같지 않습니다.
염라	뭐, 다른 것 같기도 하고 비슷한 것 같기도 하고 그렇소만.
소크라테스	'죽어도 좋아'와 '설마 죽겠어?'가 같겠습니까?
염라	쪼끔 다르기야 하겠지만 그게 그리 큰 차이가 있소?
소크라테스	물론입니다. 후자는 '인식 있는 과실'이라고 해서 과실의 한 종류입니다.
염라	인식 있는 과실? 자꾸 어려운 말 쓸 거요?
소크라테스	'미필적 고의'보단 쉬운 말 같습니다만.
염라	설명이나마 쉽게 해 보시오.
소크라테스	인식 있는 과실은 미필적 고의와 이웃해 있습니다. 결과가 발생할 수 있음을 알면서 '그래도 좋다'라고 행동하는 게 미필적 고의라면, '설마 내 경우에는 일어나지 않겠지'라고 생각하는 게 인식 있는 과실입니다. 검사님이 앞에서 든 예를 통해서 비교해 볼까요.

① 건물 위에서 벽돌을 던지면 사람이 다칠 수도 있지만 '빈 곳으로 잘 던지면 사람이 다치는 일은 안 생길거야'라고 생각하고 벽돌을 내던졌는데 사람이 다친 경우.

② 상한 우유를 학급 냉장고에 넣어 놓으면 누군가가 마시고 배탈이 날 수도 있지만 '설마 누가 이걸 마시겠어?'라고 생각하고 상한 우유를 냉장고에 넣어 놓았는데 친구가 그

것을 마시고 배탈이 난 경우.

이런 것이 인식 있는 과실입니다.

염라 그래서?

소크라테스 인식 있는 과실은 결국 '과실'입니다. 과실은 처벌받지 않지요. 지난번 도로… 아니 도 모 양 사건 때 말씀드린 것처럼요.

염라 인식 있는 과실이라… 미필적 고의와 비슷하면서도 약간 다르군. 좀 쉽게 머리에 팍팍 들어오게 할 수 없소?

소크라테스 더 단순하게 말하면 이렇습니다. **결과가 생길 수 있지만 '그래도 좋아'라는 것이 미필적 고의고, 결과가 생길 수 있지만 '설마 그러겠어?' 하는 것이 인식 있는 과실입니다.**

염라 그것도 길어. 더 단순하게.

소크라테스 더 단순하게 말하면 '그럼에도 불구하고'는 미필적 고의고, '설마'는 인식 있는 과실입니다.

염라 '그럼에도 불구하고'냐, '설마'냐, 이거군. 그럼 늘 하던 대로 이쯤에서 정리를.

소크라테스 **미필적 고의는 고의입니다. 그래서 처벌받습니다. 하지만 인식 있는 과실은 과실입니다. 그래서 처벌되지 않습니다.** 책임이 적은 것에서부터 큰 것까지 순서대로 그려 보면,

과실: 처벌하지 않음		고의: 처벌함	
(보통의) 과실	인식 있는 과실	미필적 고의	(보통의) 고의

이렇게 되겠죠.

염라 에잇! 표는 외우기 싫소!

소크라테스 아, 아니. 외우라는 게 아니라 보기 편하도록….

염라 아무튼 미필적 고의와 인식 있는 과실은 유죄와 무죄를 가르는 아슬아슬한 담벼락 같은 거군.

소크라테스 그렇습니다. 윌리엄 텔의 활쏘기는 어땠습니까? 윌리엄 텔은 아들을 죽이겠다는 확실한 '고의'는 물론 없었고, '아들이 죽어도 좋다'라는 미필적 고의도 없었지요? 그러니 범죄가 되지 않습니다. 활을 쏠 때 윌리엄 텔의 생각은 인식 있는 과실에 해당합니다. 아들을 다치게 할 수도 있겠지만 '설마 내 활 솜씨로 그런 일이 생기겠어?'라고 생각했던 겁니다. 이것은 결국 과실에 불과하니 처벌받지 않습니다.

염라 그렇군. 들어 보니 소크라테스 변호사의 말이 맞는 것 같소.

검사는 넋을 잃고 멍해져 있었다. 그렇다면 또 무죄란 말인가…. 그런데 웬일인지 피고인 윌리엄 텔의 손은 아까부터 알코올 중독 환자처럼 덜덜 떨리고 있었다. 그 장면을 본 검사는 퍼뜩 정신을 차리고 말했다.

검사 염라 판사님! 한 가지 의문을 제기하는 바입니다.

염라	뭐요?
검사	윌리엄 텔이 정말 활의 명수일까요?
염라, 소크라테스	뭐라고?
검사	활의 명수라면 자기 실력을 믿었을 테니 고의가 없었다고 할 수 있습니다. 하지만 윌리엄 텔이 소문대로 명사수가 아니라면요? 허술한 실력이라면, 과연 그에게 고의가 없었다고 할 수 있겠습니까? 자신의 활이 어디로 날아갈지도 모르는 수준이라면, '아들이 죽든 말든'이라고 생각한 거나 다름없는 거 아니겠습니까? 그리고 그게 바로 미필적 고의인 것이고요.
염라	…틀린 말은 아니네.
검사	지금 당장 윌리엄 텔의 실력을 테스트하기를 요구합니다.

그러자 윌리엄 텔이 고개를 들고 "테스트는 무슨 테스트…" 하며 원망하는 눈초리를 검사에게 보냈다.

염라	(음, 저 태도를 보니 더 수상한데) 알았소. 한번 봅시다.

염라왕과 소크라테스, 검사는 불만이 가득한 얼굴의 윌리엄 텔을 데리고 나가 법정 뒤편 뜰에 섰다. 활을 든 윌리엄 텔의 손은 여전히 덜덜 떨렸다. 윌리엄 텔은 잔뜩 활시위를 당긴 다음 힘차게 활을 쏘았다. 활

은 과녁을 어림없이 빗나갔다. 윌리엄 텔이 몇 번이나 활을 쏘았지만 번번이 과녁을 빗나갔고, 십여 발 중에 겨우 한 발만이 과녁 가장자리에 맞았을 뿐이었다.

염라, **소크라테스**	엉? 이럴 수가….
검사	후후후.
염라	에잇, 엉터리 같으니. 이런 실력으로 명사수로 소문이 났단 말이오? 당신 윌리엄 텔 맞소?
윌리엄 텔	과녁이 불량인 것 같습니다.
염라	그걸 변명이라고 하시오? 아무래도 아들이 죽든 말든 막 쏜 것 같구려.

윌리엄 텔은 고개를 푹 숙였다. 어깨가 부들부들 떨리고 있었다. 잠시 후 윌리엄 텔이 울먹이는 목소리로 말했다.

윌리엄 텔	전 명사수가 맞습니다.
염라	그래도 우길 작정이오?
윌리엄 텔	원래는요.
염라	원래는?
윌리엄 텔	실은 그때 실수로 활을 잘못 쏘아 아들을 맞추었습니다.
염라	뭣이라고?

윌리엄 텔 (고개를 다시 푹 숙이고) ….

검사 그래 놓고는 자기 나라 사람들한테 사과를 맞추었다고 거 짓말을 하고 다녔단 말입니까?

윌리엄 텔 이제 와서 더 무슨 거짓말을 하겠습니까. 활을 맞은 아들은 병원에서 치료를 받다가 죽었습니다.

염라 이런….

윌리엄 텔 그 충격으로 그 뒤부터 활을 못 쏘게 되었습니다. 제 손 보 십시오. 덜덜 떨리지 않습니까?

윌리엄 텔의 눈물이 뺨을 타 넘어 목덜미로 흘러내리고 있었다.

염라 거짓말을 한 건 괘씸하지만 불쌍하기도 하군.

검사 할 수 없죠. 일단 다들 안으로 들어가시죠.

법정에 들어와 다들 자리를 잡은 후, 염라왕이 검사에게 말했다.

염라 그런데 재판을 더 해야 하오? 윌리엄 텔은 아들을 쏜 충격 때문에 그 이후에 활솜씨가 망가진 듯하오. 원래 활의 명수 가 맞는다면 '미필적 고의'는 없었던 것 같은데?

검사 상황이 바뀌었습니다.

염라 바뀌긴 뭐가 바뀌었소?

검사	아들이 죽었지 않습니까. 윌리엄 텔에게 유죄를 선고해 주십시오.
염라	유죄? 아들이 죽은 건 안됐지만… 어쨌든 범죄로서 처벌하려면 윌리엄 텔에게 고의가 있어야 하지 않소, 아니면 미필적 고의라든가. 그렇다는 주장이오?
검사	아닙니다.
염라	그러면?
검사	과실은 있지 않습니까?
염라	과실? 과실…은 분명 있지. 뭐라더라… 그래. '인식 있는 과실'인지 뭔지 하는 종류로. 근데 과실은 처벌 안 하잖소?
검사	지난번에 소크라테스 변호사도 이야기하지 않았습니까. 과실은 처벌하지 않지만, 법에서 정한 경우에는 처벌한다고.
염라	아, 그렇지.
검사	그 대표적인 예가 사람이 죽은 경우라고 했죠. 실수로 사람을 죽게 하면 처벌하는 겁니다. 윌리엄 텔의 아들이 죽었다는 사실이 새로 밝혀졌습니다. 그렇다면 화살을 잘못 쏘아 아들을 죽인 윌리엄 텔은 과실로 사람을 죽인 죄로 벌을 받아야 합니다.
염라	엇. 그, 그렇게 되겠군. 소크라테스 변호사, 할 말 있소?
소크라테스	으음.

염라	소크라테스 변호사?
소크라테스	…지금은 없습니다.
염라	지금은? 어쨌든 선고하겠소. 아무래도 윌리엄 텔은 유죄 판결을 피할 수 없을 것 같구려.
검사	현명한 판결이십니다. 오랜만에.
염라	거 오랜만에… 란 말이 거슬리는군. 선고하겠소, 윌리엄 텔 은 실수로 아들을 죽였으므로 징역….
소크라테스	염라 판사님!
염라	왜! 지금 선고하고 있는데.
소크라테스	한 가지 부탁이 있습니다.
염라	선고하지 말란 이야기만 아니면 되오.
소크라테스	선고하지 말아 주십시오.
염라	뭐라?
소크라테스	조금만 선고를 연기해 주십사 하는 겁니다. 윌리엄 텔을 당 장 지옥계의 감옥으로 보내지 마시고 잠시 연옥에 대기시 켰으면 합니다.
염라	그건 왜?
소크라테스	변론 준비가 안 되었습니다.
염라	준비가 안 되었다고? 그냥 여기서 이야기하면 안 되오?
소크라테스	…이유는 나중에 말씀드리겠습니다.
염라	그럽시다… 안 그래도 아들을 잃어 슬픈 양반인데, 그 정도

는 봐 주지.

소크라테스는 의미심장하게 눈을 빛내며 서류 가방을 들고 총총걸음으로 법정을 빠져나갔다.

피리 부는 사나이는
유괴범인가?

(인과관계)

검사   오늘 피고인은 이름이 없습니다.

염라   이름이 없다고?

검사   네. 본 검사가 이름을 밝혀내려 온갖 수사를 했지만 끝내
        밝혀내지 못했습니다. 피고인은 세간에 '하멜른의 피리 부
        는 사나이'로만 알려져 있습니다.

    염라왕은 피고인의 행색을 유심히 살펴보았다. 빨간 모자를 썼고,
옷차림은 남루했지만, 무표정한 얼굴에서는 어딘지 신비한 도사 같은
분위기가 흘렀다. 양 손으로 피리를 쥐고 있는 점이 남달랐다.

염라	예사로운 사람 같지는 않구려. 죄상을 말해 보시오.
검사	13세기 독일의 작은 마을 하멜른에 갑자기 쥐가 들끓기 시작했습니다. 도시가 엉망이 되어 버렸지만 어떤 방법을 써도 쥐를 퇴치할 수 없었습니다. 사람들은 고민에 빠졌습니다. 그때 한 사나이가 피리를 들고 나타났습니다. 돈을 주면 쥐를 없애 주겠다고 했습니다. 사람들은 반가워하면서 쥐만 잡아 주면 많은 상금을 주겠다고 약속했지요. 사나이는 피리를 불기 시작했고, 그 소리에 어디선가 쥐 떼가 나타나서 사나이를 따라갔습니다. 사나이는 쥐 떼를 강으로 이끌고 가 강물에 빠뜨려 죽게 했습니다.

마을의 쥐가 사라지자 마을 사람들은 마음이 변해 돈이 아까워졌습니다. 그래서 사나이에게 돈을 주지 않았습니다. 사나이는 마을을 떠났습니다. 얼마 후 사나이는 다시 마을을 찾아왔습니다. 아무 말도 없이 거리를 다니며 피리를 불기 시작했습니다. 그러자 마을 아이들이 홀린 듯 하나 둘 피리 소리를 따라가기 시작했습니다. 사나이는 뒤따르는 아이들을 데리고 아무도 찾지 못할 곳으로 영영 사라져 버렸습니다.

그 뒤로는 아이들을 아무도 못 보았다고 합니다. 모두 죽은 게 분명합니다. 피리 부는 사나이는 요술 같은 피리 소리로 아이들을 꾀어내서는 강인지 어딘지 몰라도 다시는 돌아올 수 없는 곳으로 이끌고 가서 모두 죽게 만든 것입니다. 마을 어른들이 약속을 지키지 않은 앙갚음으로 말이죠. 아이들을 피리로 유인해 모두 죽게 만든 피고인, 하멜른의 피리 부는 사나이는 살인죄로 처벌을 받아야 합니다.

염라 그렇군. 그럼 선고하겠소.

소크라테스 염라 판사님!

염라 힉! 하긴 소크라테스 변호사가 가만있을 리가 없지. 안심하시오. 내가 그리 성급하게 선고할 리가 있소? 소크라테스 변호사가 조는 것 같아서 일부러 충격 요법을 썼지.

소크라테스 그것참. 정말 그런 건지, 변명이 늘은 건지….

염라 일단 피고인 하멜른의 피리 부는 사나이에게 묻겠소. 젠장, 이름이 너무 길어. 그냥 하멜피로 부르겠소. 피리도 잘 불고 외모도 도사 같아 보이시는데 내 그대를 존중해서 이름이나 나이 같은 건 묻지 않겠지만, 이거 하난 물어봐야겠소. 대체 아이들은 어디 있소?

하멜피 먼 나라로 갔습니다.

염라 먼 나라면 저승 말이오? 저승은 여긴데?

하멜피 저승이면 어떻고 이승이면 어떻겠습니까.

염라 뭔가 도사 같은 말을 자꾸 하면서 사람을 현혹시키는데. 아이들이 저승에 왔는지는 이곳 명부를 보면 금방 알게 되겠지.

염라왕은 연옥 직원에게 저승의 명부를 가져오라고 했다.

연옥 직원   염라왕님. 명부는 없습니다. 전산화돼서 명부가 사라진 지 언젠데. 나 참.

염라   500년이나 지옥에서 근무했으니 물정에 어두울 수밖에! 그럼 컴퓨터를 가져와!

연옥 직원   (비웃음을 띠며 컴퓨터를 가져와 명단을 보여 주며) 하멜른의 아이들이 있네요. 무더기로. 그 무렵 죽은 거 맞습니다.

염라   여, 역시! 피고인 하멜피! 아이들이 죽은 게 확인되었어! 이래도 할 말 있는가!

하멜피   제가 언제 할 말 있다고 했나요? 명단에 있으면 죽은 게 맞겠죠. 알아서 하세요.

염라   이, 이자가!

염라왕은 화를 내며 일어서다가 뒷목을 부여잡고 의자에 털썩 주저앉았다.

염라   저 피고인 하멜피의 빨간 모자가 매우 꼴 보기 싫구나. 벗겨라!

법정 경위가 피고인 하멜피의 모자를 벗기자 젤을 잔뜩 발라 빗어 넘긴 기름기 가득한 머리칼이 모습을 드러냈다.

| 염라 | 내 이럴 줄 알았지. 도사는 무슨 도사. 헤어스타일 하고는. |

염라 내 이럴 줄 알았지. 도사는 무슨 도사. 헤어스타일 하고는.
이런 뺀질뺀질한 자들 때문에 내 명에 못살지.

연옥 직원 염라 판사님은 이미 죽으셨잖아요.

염라 왜 당신까지 뺀질거리시오!

연옥 직원 젠장. 성질이 저러니 욱 판사라는 별명이 붙었지….

염라 지금 뭐라고 했소?

연옥 직원은 총총히 사라져 버렸다.

염라 검사. 알겠소. 이 요사스런 자를 내 엄벌에 처하리다.

검사 물론 그러셔야죠.

소크라테스 염라 판사님!

염라 왜 그러시오? 설마 아이들을 떼로 죽인 이 자를 변호할 셈
이요?

소크라테스 그렇습니다.

염라 실은 그럴 줄 이미 알고 있었소. 말해 보시오.

소크라테스 '하멜른의 피리 부는 사나이'는 한 가지 법 문제를 안고 있
습니다. 바로 인과관계의 문제입니다.

염라 인간관계?

소크라테스	아뇨, **인과관계**입니다. 사람의 나쁜 행동을 처벌하려면 이 인과관계란 것이 있어야 합니다.
염라	쉽게 하시오, 쉽게.
소크라테스	인과관계란 쉽게 말하면 원인과 결과입니다. 결과에는 반드시 원인이 있겠지요. 인과관계란 '그 행동 때문에 그 결과가 생겼다', 혹은 '어떤 일이 원인이 되어서 그런 결과가 생겼다'는 관계를 말하는 것입니다. 거꾸로 말하면 '그 행동을 하지 않았다면 그런 결과가 생기지 않았을 텐데'라고 하는 관계입니다. 인과관계가 없으면 잘못을 물을 수 없습니다. 결과와 관계없는 행동을 처벌할 수 없기 때문입니다.
염라	그거야 그렇겠지. 아무 관계없는 사람을 처벌할 수야 없잖소.
소크라테스	염라 판사님, 백설 공주 이야기를 아십니까?
염라	잘 알지. 계모한테 시달리다가 유리 구두로 왕자를 거지로 만든 이야기 아니오?
소크라테스	대체 무슨 말씀을… 왕비가 백설 공주의 미모를 질투해서 독 사과를 먹인 이야기 말입니다.
염라	아, 그렇지. 500년간 지옥에서 독서를 통 안 하다 보니 그만 좀 헷갈렸소.
소크라테스	왕비가 독이 든 사과를 백설 공주에게 먹여 백설 공주는 그만 쓰러지고 말았지요. 백설 공주가 쓰러진 것은(결과), 왕

비가 독이 든 사과를 몰래 먹인 데(원인)에 있습니다. 왕비가 독이 든 사과를 건네지 않았다면 백설 공주가 먹고 쓰러지는 일이 없었을 테지요. 여기에는 인과관계가 있습니다.

염라 그야 그렇겠지.

소크라테스 이때, 만약 산 너머에서 일곱 난쟁이가 버섯을 따고 있었다면 어떨까요? 일곱 난쟁이를 처벌할 수 있을까요?

염라 당연히 안 되는 거 아니요. 일곱 난쟁이가 뭔 죄가 있다고.

소크라테스 맞습니다. 그걸 좀 더 법적으로 이야기해 보면 이렇습니다. 일곱 난쟁이가 버섯을 딴 행동 때문에 백설 공주가 쓰러진 것이 아니니까 아무런 인과관계가 없다. 그래서 처벌할 수 없다, 이렇게요. '일곱 난쟁이가 버섯을 따지 않았더라면 백설 공주는 쓰러지지 않았을 텐데'라고 이야기할 수는 없기 때문입니다.

염라 인과관계니 뭐니 그럴듯한 말을 했지만 들을수록 당연한 이야기만 하고 있지 않소?

소크라테스 좋습니다. 그럼 이해를 돕기 위해 여기서 어떤 한 인물을 이 법정에서 같이 재판하시기를 요청하는 바입니다.

염라 다른 사람을? 헷갈리잖아.

소크라테스 이 사람은 순수한 여성입니다. 빨리 재판을 끝내고 천국계로 보내야 합니다.

염라 순수한 여성? (혹시 백설 공주…?) 그러지 뭐. 들어오라 하시오.

소크라테스가 일어서더니 박수를 짝짝짝 쳤다. 법정 문이 삐걱 열렸고, 염라왕은 목을 쭉 빼고 보았다. 허리가 구부정한 늙은 노파가 안으로 들어왔다. 눈빛이 좀 독해 보이는 것이 남달랐을 뿐 그밖에 다른 인상은 평범했다.

염라	안타깝소. 백설 공주도 늙으니 남들과 다를 게 없구려···.
노파	니는 장동건이가?
염라	뭐라고?
소크라테스	여, 염라 판사님. 아닙니다. 이 분은 백설 공주가 아니라 백설 공주에게 독 사과를 먹인 왕비의 엄마입니다.
염라	어, 어. 그렇소? 흠흠. 아무튼 거 참 이상한 노파일세.
소크라테스	그럴지는 모릅니다. 하지만 여기서 문제는!
염라	뭐요! (기분도 좋지 않은데 놀래키고 있어.)
소크라테스	백설 공주에게 독을 먹인 못된 왕비를 낳은 엄마인 이 분은 백설 공주가 쓰러진 일에 책임이 있을까요, 없을까요?
염라	응?
소크라테스	'왕비의 엄마가 왕비를 낳았고, 그 왕비가 백설 공주에게 독 사과를 먹였다. 그러니까 인과관계가 있다' 혹은 '왕비의 엄마가 왕비를 낳지 않았더라면 그 왕비가 백설 공주에

게 독 사과를 주는 일도 일어나지 않았을 것이고, 따라서 백설 공주가 독 사과를 먹고 쓰러지는 일도 없었을 것이다. 그러니까 인과관계가 있다', 이렇게 말할 수 있습니다. 그럼 인과관계가 있으니 처벌해야 할까요?

염라 말이야 맞는 말 같은데… 그렇다고 그 엄마를 처벌할 수 있나? 이거 또 헷갈리기 시작하네.

소크라테스 예. 물론 맞는 말이기도 합니다. 원인과 결과의 관계만 있으면 모두 인과관계가 있다고 한다면 말입니다. 왕비의 엄마가 왕비를 낳은 일도 백설 공주가 독을 먹고 쓰러진 일의 원인이 됩니다. 아주 엷지만 인과관계가 있습니다. 하지만 그렇다고 왕비의 엄마를 처벌할 수는 없습니다.

염라 그래야겠지. 근데 왜 그렇소? 인과관계가 있는데도.

소크라테스 '원인과 결과'의 관계만 있다고 해서 인과관계를 인정하지는 않기 때문입니다. 법에서는 **상당인과관계**라는 것이 있어야 합니다.

염라 상당인과관계? 또 전문 용어야!

소크라테스 어렵지 않습니다. 상당인과관계란, **어떤 원인이 있으면 '보통은' 그러한 결과가 발생한다고 인정되는 관계**입니다. 쉽게 말하면, '대개는 그렇다'는 관계입니다.
독을 먹으면 '보통은' 쓰러지게 되죠. 몽둥이로 때리면 '보통은' 상처를 입습니다. 따라서 독을 먹인다는 원인과 쓰러진다는 결과 사이에는 상당인과관계가 있습니다. 마찬가지로 몽둥이로 때린다는 원인과 상처를 입는다는 결과 사이에도 상당인과관계가 있습니다. 하지만, 딸을 낳으면 '보통은' 그 딸이 나중에 커서 다른 사람에게 독 사과를 먹이게 된다고는 할 수 없겠지요? 아주 예외적이고 특이한 경우이지요? 왕비의 엄마가 왕비를 낳은 일과 백설 공주가 독 사과를 먹고 쓰러진 일에는 '상당인과관계'가 없습니다. 따라서 법으로 처벌할 수 없습니다.

염라 그렇군.

소크라테스 반대로 이런 경우는 어떨까요? 미운 친구에게 '죽었으면' 하는 나쁜 마음을 품고서 상한 땅콩을 주었는데, 하필 그 친구가 땅콩 알레르기가 심한 체질이어서 그만 죽어 버렸습니다. 이것이 살인죄가 될까요?

염라 (우물쭈물…하다가 버럭) 내가 지난번에 나한테 묻지 말라고 했지!

소크라테스 알겠습니다. 말씀드리죠. 살인죄가 되지 않습니다. 상한 땅콩을 먹는다고 해서 배탈 정도라면 몰라도 '보통은' 죽지 않기 때문입니다. 죽은 건 친구의 특이한 체질 때문입니다. 즉, 인과관계는 있지만 상당인과관계가 없는 것이죠.

염라 이쯤 해서 정리가 나와 주어야지.

소크라테스 예. 다시 한 번 정리하겠습니다. **행위와 결과 사이에 '상당**

인과관계'가 있어야 잘못을 물을 수 있습니다.

염라   그게 다요?

소크라테스   예, 다입니다.

염라   다행이군. 설명은 길었는데 결론은 단순해. 하여튼 저 보기 싫은 노파 재판이나 빨리 끝냅시다. 왕비 엄마! 무죄요. 솔직히 맘에는 안 내키지만 당신은 천국계로 가게 됐소.

무죄 선고를 듣고서 노파는 미간을 잔뜩 찌푸리고 입술을 씰룩거렸다.

염라   무죄라는데 불만이오? 뭔가 화가 난 것 같소만.

노파   내 딸은 지옥에서 고생하는데, 천국인지 뭔지 거기 가면 백설 공주 있겠지? 내 이걸 가만 두나 봐라!

노파는 화난 걸음걸이로 법정을 나갔다.

염라   걱정되는군.

검사   걱정하실 건 없습니다.

염라   왜? 저렇게 독기를 품고 백설 공주를 벼르고 갔는데.

검사   백설 공주를 못 알아볼 테니까요. 소문에는 선탠을 심하게 했다더군요. 이젠 아무도 '백설'로 부르지 않는다고.

염라	….
소크라테스	염라 판사님. 이제 하멜른의 피리 부는 사나이 재판으로 돌아가시죠.
하멜피	(기지개를 켜며) 재판이 지루하네요.
염라	뭐, 지루…? 음, 음. 그럼 피고인 하멜피 재판을 다시 하겠소.
소크라테스	사나이가 피리를 불었다는 원인과, 그 때문에 아이들이 따라가서 죽었다는 결과 사이에 인과관계가 필요하겠지요?
염라	그렇지.
소크라테스	여기서, '남자가 피리를 불었으니까 아이들이 그 소리를 듣고 따라갔다. 그러니까 인과관계가 있다' 혹은, '남자가 피리를 불지 않았더라면 아이들이 따라가지 않았을 것이다. 그러니까 인과관계가 있다', 이렇게 말할 수 있을 것입니다.
염라	그렇지.
소크라테스	이런 생각은 결과에 영향을 준 모든 행동에 대해서 인과관계가 있다고 하는 겁니다.
염라	그런 셈이 되겠지.
소크라테스	하지만 이건 틀렸습니다.
염라	엑, 왜! (젠장. 체통 없이 비명이 나와 버렸어.)
하멜피	재판이 시끄럽기까지 하네요.

염라   (참자, 참자…)

소크라테스   제가 조금 전에 이야기했지 않습니까? 인과관계가 있다고 다 책임을 묻지는 않는다고요. '그런 행동을 하면 대개는 그렇게 된다'는 상당인과관계가 있어야 한다고 했습니다. 하멜른의 피리 부는 사나이는 피리 소리로 쥐를 몰았듯이 아이들을 꾀어냈을 것입니다. '피리를 불지 않았더라면 아이들이 따라가다 죽지 않았을 텐데'라고 생각할 수 있습니다. 하지만, 상식적으로 '피리를 불면 보통은 아이들이 뒤를 따라가게 된다'라고 말할 수는 없습니다. 그러니 사나이가 피리를 분 것과 아이들이 뒤따라가다 죽은 것 사이에는 상당인과관계가 없습니다.

사나이의 피리에는 아이들을 꾀어내는 신기한 능력이 있는지도 모릅니다. 하지만 재판에서 피리의 그런 능력을 증명하는 일은 불가능합니다. 따라서 상당인과관계를 증명하는 일 또한 불가능합니다. 결국, 하멜른의 피리 부는 사나이는 처벌할 수 없습니다.

염라   으으… 저 불쾌한 놈을.

검사   이거 분위기가 왜 이렇지. 혹시 오늘도 무죄입니까?

염라   그래야지 어쩌겠소?

검사   왠지 이럴 것 같더라. 이제는 놀랍지도 않아.

피고인 하멜피는 젤을 바른 머리를 빗어 넘기더니 빨간 모자를 쓰고 자리에서 느긋하게 일어났다. 법정을 나가다가 갑자기 뒤돌아서더니 염라왕에게 윙크를 했다.

염라 내 저, 저 놈을… 헉!

검사,
소크라테스 염라 판사님, 정신 차리세요! 어서 앰뷸런스를!

...

아침 시간, 염라왕은 사무실에서 소크라테스와 티타임을 가졌다.

"몸은 좀 회복되셨습니까?"

"좀 낫소. 거, 하멜피 녀석이 너무 얄미운 탓에….”

"나으셨다니 다행입니다. 그래도 너무 흥분하지 마십시오. 앞으로도 많은 재판이 남아 있지 않습니까. 더구나 지금까지의 재판은 어떻게 보면 단순했죠. '어떤 행동이 일단 죄가 되는지 아닌지'에 관한 이야기였으니까요. 간추려 보면….”

"차 한 잔 하며 쉬는 시간에도 뭘 간추려야겠소?"

"죄송합니다만, 염라 판사님의 이해를 돕기 위해섭니다. 어떤 행동이 범죄로 되느냐를 보죠. 첫째, '죄형법정주의'에 따라 법에서 벌하도록 정해 놓은 행동이 범죄로 됩니다. 둘째, 원칙적으로는 '고의'로 한 것이어야 하고, 결과 발생에 '인과관계'가 있어야 합니다.”

"대략 그런 결론으로 모아지는군.”

"예를 들면, 형법에서는 '사람을 죽이면 처벌한다'고 하고 있습니다. '죄형법정주의'에 따라 사람을 죽이면 살인죄로 벌하도록 미리 정해 놓은 것입니다. 그러니, 사람을 절벽에서 밀어 떨어뜨려 죽인다면 살인죄에 해당합니다. 고의와 인과관계가 모두 있으니 말입니다. 여기까지가 지금까지의 재판이었습니다. 하지만 앞으로 남은 재판을 보아 하니…."

"뭐요? 여기서 더 어려운 재판이 있단 것이오?"

"어렵지는 않습니다만, 지금까지는 일단 죄가 되냐 안 되냐 하는 문제였는데, 그 다음 단계를 다루어야 할 사건들이 주로 남아 있습니다. 이를테면 고의로 사람을 절벽에서 떠밀어 죽게 했더라도 살인죄가 되지 않는 경우가 있습니다."

"뭐라고?"

"살인죄뿐 아니라 다른 죄도 마찬가지입니다. '특별한 사정'이 있으면 말이지요. 앞으로의 재판에서는 주로 그 특별한 사정이란 어떤 것인지에 관해… 아니, 염라 판사님? 안색이 갑자기 안 좋아지셨습니다."

"놔…두시오. 어차피 난 이미 죽은 사람이니."

진술 3

벌할 수 없는
죄도 있다

죄와 무죄 사이

헨젤과 그레텔은
살인 혐의를 벗을 수 있을까?

(정당방위)

염라	헬로우!
검사	웬일로 영어를 다 쓰십니까?
염라	오늘 피고인들이 아주 귀여운 미국 아이들이잖소. 그래서 오랜만에 영어를 쓰고 싶어졌지.
검사	서양 아이들은 무조건 미국이라고 생각하시는 모양이군요. 이 아이들은 독일 사람입니다.
염라	엉?
검사	그럼 독일말로 인사라도….
염라	시끄럽소! 빨리 재판 진행합시다. 사건 설명하시오.
검사	이 귀여운 아이들은 헨젤과 그레텔이라는 남매입니다. 새

엄마는 이 남매를 거추장스럽게 여겨 깊은 숲 속에 내버렸습니다. 헨젤은 집으로 돌아가는 길을 잊지 않으려 길바닥에 빵 부스러기를 뿌려 놓았지만 새들이 그만 빵을 다 먹어 버렸습니다.

길을 잃은 헨젤과 그레텔은 숲 속을 헤매다가 과자로 만든 집을 발견하고 정신없이 먹었습니다. 그때 집주인인 할머니가 나타나 집으로 들어오게 해서는 맛있는 음식도 주고 잠도 재워 주었습니다. 푹 자고 일어나 보니 헨젤과 그레텔은 감옥에 갇혀 있었습니다. 할머니는 마녀가 변장한 모습이었던 것입니다.

마녀는 헨젤과 그레텔을 살 찌워 잡아먹으려 가두어 놓고 기다렸습니다. 어느 날 마녀는 드디어 헨젤과 그레텔을 잡아먹기로 하고 물을 끓이도록 시켰습니다. 그때 헨젤과 그레텔이 꾀를 냈습니다. 잘 안 보인다고 하며 마녀를 아궁이 가까이 오도록 유인한 다음 확 밀어 죽였습니다. 마녀를 해치운 헨젤과 그레텔은 보물을 가지고 그리운 집으로 돌아갔습니다.

염라 그래서?

검사 저도 오늘 재판은 썩 내키지 않습니다. 아이들이 너무 귀엽고 불쌍하니까요. 하지만 재판은 재판. 피고인 헨젤과 그레텔은 사람을 죽였습니다.

염라	마녀도 사람이오?
검사	지난번과 같은 얘기군요. 염라 판사님도 사람이 아니니 죽여도 좋겠습니까?
염라	아, 아니 되오!
검사	아이들에게는 마녀를 죽인다는 '고의'도 있고, 아궁이에 떠밀어 죽게 했다는 '인과관계'도 있습니다. 살인죄가 되는 것입니다. 도무지 피할 수가 없습니다.
염라	그런데도 왜 난 헨젤과 그레텔이 나쁜 짓을 했다는 생각이 안 들지? 법으로는 분명 살인이 맞는데….
검사	사실 저도 그렇습니다. 소크라테스 변호사님. 혹시 할 말 없습니까?

오랜만에 염라왕과 검사가 의기투합하여 소크라테스를 바라보았다. 소크라테스는 잠시 두 사람의 시선을 맞받다가 천천히 입을 뗐다.

소크라테스	그럼 제가 한마디 해 볼까요? 우선 상식적으로 생각해 보죠. 마녀는 헨젤과 그레텔을 잡아먹으려 아궁이에 물을 끓이고 있었습니다. 마녀는 헨젤과 그레텔을 죽이려 했습니다. 헨젤과 그레텔은 곧 마녀에게 잡아먹힐 수밖에 없는 처지였습니다.
	헨젤과 그레텔이 가만히 있었다면 아마 마녀에게 죽임을

당했겠지요. 아이들은 살기 위해 마녀를 아궁이에 밀어 죽일 수밖에 없었습니다. '마녀를 죽이는 건 나쁜 일이니까 헨젤과 그레텔은 가만히 앉아 죽음을 당했어야 해'라고 말할 수는 없겠지요?

| 염라 | 그야 그렇지. 근데 소크라테스 변호사가 지난번 재판까지 이야기한 대로라면 꼼짝없이 죄에 해당하는 거 아니오? 그것도 무시무시한 살인죄. 고의도 있고, 인과관계도 있고. 이를 어찌한단 말이오. |

| 소크라테스 | 헨젤과 그레텔의 행동은 정당방위에 해당됩니다. |

| 염라 | 정당방위? 많이 들어 본 말인데…. |

| 소크라테스 | 영화나 드라마에 많이 나오니 한번쯤은 들어 보셨을 겁니다. 정당방위란 글자 그대로 '정당'한 '방어 행위'입니다. 좀 더 풀어 말하면, '당장 눈앞에 닥친 상대방의 공격을 막기 위한 행위'입니다. 정당방위는 죄가 되지 않습니다. 따라서 벌하지도 않습니다. |

| 염라 | 역시! 맞아, 그래야지. |

| 소크라테스 | 다른 사람이 먼저 공격을 해올 때, 그것을 참고 당하라고 요구할 수는 없겠지요? 공격을 막기 위해 그 사람을 다치게 하더라도 그것은 어쩔 수 없다고 법에서도 이해해 주는 것입니다. '스스로를 방어할 권리'를 인정해 주는 겁니다. |

| 염라 | 옳거니! 이해하기 쉽게 예를 들어 주시오. |

소크라테스 정당방위가 되는 몇 가지 예를 들어 보겠습니다.

- 한밤중에 칼을 든 강도가 침입했습니다. 자다가 놀란 영구는 야구 방망이로 강도를 때려 기절시켰습니다.
- 핸드백을 날치기하려는 도둑을 밀어 넘어뜨려 상처를 입혔습니다.
- 여러 명이 달려들어 때리기에 그중 한 명을 때려 넘어뜨리고 탈출했습니다.

모두 상대방이 먼저 공격을 했고, 그 공격을 피하기 위해 할 수 없이 상대방을 공격한 경우에 해당합니다. 따라서 정당방위가 되고, 처벌하지 않습니다.

염라 그럼, 그럼.

소크라테스 자기에 대한 공격뿐 아니라 남에 대한 공격을 막기 위한 행동도 정당방위가 됩니다. 영화와 만화에서는 슈퍼 히어로들이 많이 등장합니다. 슈퍼맨, 배트맨, 스파이더맨 등이 시민을 공격하는 악당과 맞서 싸웁니다.

그런데 시민들은 슈퍼맨의 행동을 폭력이라고 비난하지 않습니다. 악당의 공격을 막기 위한 행동이기 때문입니다. 이들의 행동이 법으로는 '정당방위'가 되는 셈입니다.

염라 어쩐지. 내가 스파이더맨을 특히 응원하고 있소. 슈퍼맨처럼 너무 강해서 재미없지도 않고, 배트맨처럼 너무 약해서 노상 얻어터지는 것도 아니고. 탁월한 패션감이 돋보이는 개성 넘치는 슈트에, 화려한 거미줄 액션하며….

소크라테스 염라 판사님. 지금 재판 중입니다.

염라 …알았소. 계속하시오.

소크라테스 하지만, 정당방위도 '정도가 지나치면' 죄가 됩니다. 예를 들면 이런 경우입니다.

- 집 안에 침입하려 문 자물쇠를 더듬고 있는 도둑을 칼로 찔러 죽였습니다.
- 상대방이 주먹질을 하기에, 야구방망이를 들고 때려 기절시켰습니다.
- 핸드백을 날치기하려는 도둑을 칼로 찔러 죽였습니다.

상대방의 공격에 대해 자신을 방어하기 위한 행동이지만 지나쳤지요? 집에 침입하려는 도둑을 발견했다면 몽둥이를 휘둘러 쫓아내는 정도는 할 수 있겠지만 목숨을 빼앗는 건 지나칩니다. 상대방이 주먹질을 했을 때, 무기를 들고 공격하는 건 지나칩니다. 핸드백 도둑의 목숨을 빼앗는 것 역시 지나칩니다. 이런 행동은 정당방위로 되지 않고 벌을 받게 됩니다. 법으로는 과잉 방위라고 합니다.

염라 아무리 그래도 좀 사정은 봐줘야 하지 않나?

소크라테스 물론입니다. 그래서 보통의 경우보다 처벌은 훨씬 약합니다.

염라 다행이군.

소크라테스	이번엔 또 다른 경우를 한 번 보겠습니다. 맹구가 영구를 몽둥이로 때려 상처를 입혔습니다. 영구가 집에 돌아와 생각할수록 분했습니다. 그래서 맹구네 집을 찾아가 주먹으로 맹구를 때렸습니다. 맹구는 몽둥이로 공격을 했는데 영구는 주먹으로 때린 것에 불과하니 정도가 지나치지 않다고 영구는 생각했습니다. 영구의 행동은 정당방위가 될까요?
염라	잘 나가다가 또 묻기 시작하는군. 어디 보자… 정당방위가 될 것 같지만 그런 뻔한 답이라면 문제로 안 냈겠지? 안 되오!
소크라테스	맞습니다. 정당방위는 '지금 당장의 공격'에 대한 방어만이 가능합니다. 상대방의 공격이 끝난 후 나중에 그 사람을 두드려 팬다면 정당방위가 되지 않습니다. 그것은 '복수'에 지나지 않습니다. 정당방위는 복수와 다릅니다. 영구의 행동은 정당방위로 인정되지 않습니다. 맹구가 영구를 때릴 때 영구가 방어를 위해 폭력을 썼다면 정당방위가 됩니다. 하지만 영구가 나중에 맹구를 찾아가 때렸다면 정당방위가 아닙니다. 그것은 또 다른 폭력에 지나지 않습니다.
염라	오늘 좋은 말 많이 하시는구려. 정당방위는 복수와 다르다. 복수는 또 다른 폭력에 지나지 않는다. 크흐.

소크라테스	그렇다면, 싸움을 하는 일은 어떨까요? '저쪽이 먼저 때렸으니 나도 때렸다. 그러니 정당방위다' 이렇게 말할 수 있지 않겠습니까?
염라	그렇게 말할 수 있을 것 같으니까 난 반대로 가겠소. 정당방위가 안 된다!
소크라테스	이럴 수가, 정답을! 맞습니다. 법에서는 정당방위로 보지 않습니다. 싸움은 '서로 폭력을 쓰는 행동'으로 보고 있습니다. 그래서 원칙적으로 정당방위로는 되지 않습니다. 둘 다 처벌을 받게 됩니다.
염라	후후훗. 자신감이 팍팍 오르는군.
소크라테스	정당방위가 인정되는 경우가 그리 많지는 않지요? '상대방이 시비를 걸어 어쩔 수 없이 싸우는 경우도 있는데 정당방위로 봐주지 않으면 억울하다'고 느낄 수도 있습니다. 하지만 정당방위를 쉽게 인정하는 건 곤란합니다. 정당방위라고 핑계를 대면서 폭력을 함부로 쓸 염려가 있기 때문입니다. 그래서 법은 정당방위를 신중하게 판단하고 있습니다.
염라	마지막에 너무 교훈적이고, 지루하고, 딱딱하고, 잘난 척하면서 끝낸 듯한 감이 없진 않지만, 오늘 변론은 훌륭했소.
소크라테스	감사합니다.
염라	그럼 선고하겠소. 헨젤과 그레텔은 정당방위로 무죄!

검사	현명하신 판결입니다.
염라	이번 것도 '오랜만'이요?
검사	아, 아닙니다(하여간 뒤끝은…).

타이타닉호의 디카프리오가
케이트를 밀치고 혼자 살았다고?

(긴급피난)

검사   아니, 염라 판사님. 왜 눈이 빨갛습니까? 어디 편찮으신 데라도?

염라   아, 아니오. 아무것도.

소크라테스   아무것도 아닌 게 아닌데요? 어디 보자… 엉? 우셨습니까?

염라   아, 아니라니까!

검사   …(물끄러미).

소크라테스   …(물끄러미).

염라   …아, 알겠소. 실은 어젯밤에 영화를 보다가 감동해서 그만 눈물이….

검사   무슨 영화를 보셨는데요?

염라	〈타이타닉〉이오.
검사	옛?
염라	아니, 뭘 그리 소스라치게 놀라시오?
검사	아닙니다. 근데 어떤 장면에서 감동 받아 우신 건지 여쭤봐도 될까요?
염라	그야 마지막 장면이지. 오늘은 내가 사건 설명하듯이 한 번 해 볼까? 초호화 유람선 타이타닉호는 북극해의 빙산에 충돌하여 침몰했소. 보트를 타고 살아남은 승객도 많았지만 두 주인공 레오나르도 디카프리오(잭)와 케이트 윈슬렛(로즈)은 망망대해에 버려졌지. 그때 물결에 떠다니는 나무판자 하나를 발견하고 몸을 의지하게 되었어. 그런데 비극적이게도, 나무판자는 겨우 한 사람의 무게밖에 견디지 못했던 거요. 케이트 윈슬렛을 사랑한 디카프리오는 그녀를 나무판자 위에 올려놓고 자신은 차가운 북극해의 물속에서 내내 견뎠어. 그러다 마침내 디카프리오는 힘이 다해 깊은 바닷속으로 사라져 죽음을 맞이했지… 아아, 또 눈앞이 흐려지는구려. 아, 아니. 검사! 표정이 왜 그래. 응? 소크라테스 변호사! 당신은 또 표정이 왜 그래!
검사	하필이면 오늘의 피고가 그 사람입니다.

염라	누구?
검사	레오나르도 디카프리오.
염라	엑? 왜? 케이트 윈슬렛을 위해 목숨을 버린 순애보의 주인공인데?
검사	그 영화는 관객에게 감동을 주기 위해 사실을 미화한 겁니다. 실은 디카프리오가 케이트를 밀어내고 판자를 차지했어요. 그래서 케이트는 죽었고요.
염라	뭐시라! 소크라테스 변호사! 이게 맞는 말이요?
소크라테스	예. 검사님 말이 맞습니다.
검사	나무판자는 한 사람밖에 올라앉을 수 없었습니다. 디카프리오는 케이트를 힘으로 밀어내고 나무판자를 차지했던 겁니다.
염라	믿기지 않는군. 힘이라면 케이트 윈슬렛도 만만치 않아 보이던데.
검사	염라 판사님! 또 외모 관련 발언입니까!
염라	아니오. 그 발언은 취소하겠소(욱 검사, 성질 죽지 않았어…).
검사	결국 디카프리오가 케이트를 밀쳐서 죽인 셈입니다. 명백한 살인입니다. 케이트가 죽게 된다는 것을 알고 있었으니 '고의'도 있고, 밀쳐서 죽게 했다는 '인과관계'도 물론 있습니다.
염라	허어. 피고인 디카프리오. 고개를 드시오!

디카프리오는 고개를 들고 염라왕을 보았다. 법정이 환해질 정도로 밝은 금발에 도발적인 눈빛과 순진한 입매가 어우러진 잘 생긴 청년이었다.

염라 케이트를 나무판자에서 밀어내 죽인 게 사실이오?

디카프리오 사실입니다. 근데.

염라 근데, 뭐?

디카프리오 아까부터 인과관계니 뭐니 하시던데, 그런 거라면 인과관계는 없습니다.

염라 무슨 소리요?

디카프리오 케이트는 무거워서 어차피 그 나무판자 위에 떠 있을 수 없었어요. 어차피 못 떠서 죽을 바에야 저라도 살아야지요. 안 그렇습니까?

염라 이게, 이게 무슨 소리요? 이게 맞는 소리요, 검사?

검사 말도 안 됩니다. 물에 뜨는지는 비중의 문제지, 몸무게와는 관계가 없습니다.

염라 디카프리오 당신 안 되겠구먼. 영화에선 좋게 봤는데. 이젠 법정에서 살아나려고 애인 몸무게 갖고 험담을 해?

디카프리오는 고개를 푹 숙였다.

소크라테스 피고인이 좀 엉뚱한 소리를 했지만 무작정 피고인만 나무랄 수도 없습니다.

염라 피고인을 편드는 것이오?

소크라테스 편드는 게 아니라 변론입니다. 여기에 관해서는 고대 그리스 때로부터 전해 오는 오래된 법률 문제가 있습니다. '카르네아데스의 판자'라고 하는 이야기입니다.

염라 젠장, 또 뭔가 이론이 나올 모양이군.

소크라테스 배가 난파되어 물에 빠진 사람이 떠다니는 나무판자 하나를 붙들고 간신히 버티고 있었습니다. 이때 또 다른 물에 빠진 사람이 다가왔습니다. 그 사람도 살기 위해 나무판자를 붙들려고 했습니다. 그런데 이 나무판자는 한 명의 무게밖에 견디지 못했습니다.

두 사람이 매달리면 나무판자가 가라앉아 둘 다 죽을 지경이었습니다. 나무판자를 붙잡고 있던 사람은 뒤에 온 사람을 밀어내어 물에 빠져 죽게 만들었습니다. 이때 다른 사람을 밀치고 나무판자를 독차지한 사람을 처벌할 수 있을까? 이런 문제입니다. 고대 그리스의 철학자 카르네아데스가 제시한 문제라고 해서 '카르네아데스의 판자'라는 이름이 붙었습니다.

염라 쳇. 그리스 이름은 왜 이렇게 다들 어렵소.

소크라테스 나무판자를 차지한 사람은 자신이 살려고 다른 사람을 밀쳐내 죽게 했습니다. 어쨌든 살인을 한 건 맞습니다. 하지만, 이런 행동은 **재난을 피하기 위한 어쩔 수 없는 선택**입니다. 그래서 처벌하지 않습니다.

사자성어로는 '인지상정人之常情'이라고도 하겠습니다. 지금 막 눈앞에 위험이 닥쳐오고 있는데 꼬박꼬박 법을 지켜가며 피하기는 힘들겠지요? 이런 '긴급'한 상황에서의 '피난' 행동은 처벌하지 않습니다. 법률 용어로는 **긴급피난**이라고 부릅니다.

염라   이번 용어는 좀 쉽네. 긴급피난이라. 긴급하게 피난한다, 이거지?

소크라테스   그렇지요.

염라   근데 앞에서 나온 '정당방위'와 어딘가 좀 비슷한데?

소크라테스   둘 다 일단은 죄가 되지만, 특별한 사정 때문에 처벌을 받지 않는다는 점에서는 같습니다. 하지만 조금 다른 면이 있습니다. 정당방위는 상대방의 불법적인 공격에 대한 방어인데, 긴급피난은 재앙이 닥쳤을 때 피하기 위한 행동이니까요.

염라   다르다는 건 알고 있었소. 어흠.

소크라테스   긴급피난의 예를 몇 가지 들어볼까요?

• 목숨이 위급한 환자가 생겼습니다. 빨리 병원에 데려다주기 위해 교통 신호를 무시하고 달렸습니다.

- 해일이 농작물을 덮치려 합니다. 더 큰 피해를 막기 위해 수문과 제방을 부수었습니다.
- 고장 난 자동차가 길 가던 아이를 치려합니다. 아이를 구하기 위해 자기의 차로 그 차를 들이받아 부수었습니다.

이런 건 다 긴급피난으로 처벌받지 않습니다.

염라 음. 흔히 있는 일은 아니겠군.

소크라테스 긴급피난도 정당방위와 마찬가지로 '정도가 지나치면' 죄가 됩니다. 이를테면 이런 건 어떨까요? 한밤중에 동생이 아파서 의사를 부르러 갔습니다. 문이 잠겨 있어서 그 집 대문을 부수어 의사를 깨웠습니다. 이건 정도가 지나쳤죠? 그래서 이런 경우는 남의 재물을 부순 죄로 처벌을 받게 됩니다.

염라 긴급피난이 뭔지는 알겠소. 그런데 이렇게 되면 디카프리오도 무죄가 될 것 같은 불길한 예감이….

소크라테스 예감대롭니다. 디카프리오가 처했던 상황은 카르네아데스의 판자에서와 같습니다. 디카프리오가 케이트를 밀쳐내 판자를 차지했고, 그래서 케이트가 죽었다고 해도 디카프리오를 살인죄로 처벌할 수는 없습니다. 긴급피난이니까요. 자기가 살기 위해 어쩔 수 없이 한 행동이었습니다.

염라 왠지 씁쓸하군.

소크라테스 예….

염라   피고인 디카프리오!

디카프리오   (풀이 죽어) 예.

염라   무죄요.

디카프리오   감사합니다.

디카프리오는 무죄를 선고받고 한동안 고개를 들지 못했다. 염라왕은 법대를 내려가 안쓰러움이 가득 담긴 손길로 디카프리오의 등을 다정하게 두드리며 말했다.

염라   혹시 우는 것이요? 쯧쯧. 왜 그때 사랑하는 여인을 먼저 구하려 하지 않았는지 안타깝구려.

디카프리오가 불쑥 고개를 들더니 초롱초롱한 눈빛으로 말했다.

디카프리오   그건 케이트가 어차피 물에 뜨지 않을 거라서….

염라   얘 당장 내보내라!

고흐가 귀를
입에 물고 다니는 까닭은?

(심신상실)

염라왕이 법정에 들어가니 소크라테스와 검사가 심각하게 이야기를 나누고 있었다.

소크라테스	검사님. 부탁 좀 합시다.
검사	아, 글쎄. 싫다니까요.
소크라테스	합시다.
검사	싫어요.
염라	뭘 갖고 그리 옥신각신 하시오?
검사	소크라테스 변호사님이 몇 번 재미를 들이더니만, 오늘도 두 사건을 같이 재판하잖니. 원래 그렇게 해 온 법이 없

었거든요.

염라　　소크라테스 변호사. 한 번에 한 건씩만 합시다. 두 건 이상 동시에 하니까 힘도 들지만 좀 헷갈려.

검사　　맞습니다. 게다가 오늘 두 사건 피고인은 완전히 동떨어진, 아무 관계없는 사람입니다.

염라　　대체 누구요?

소크라테스　화가 고흐와 돈키호테입니다.

염라　　응? 그 사람들이야 워낙 유명해서 나도 알지. 그 사람들도 사고를 쳤나? 하여간에 그건 그렇고, 그 둘이 도대체 무슨 연관이 있단 말이오?

소크라테스　알겠습니다. 염라 판사님까지 그러시니 제가 양보하지요. 고흐 재판만 하도록 하겠습니다.

염라　　고집을 잘 꺾으셨소. 소크라테스라서 그런지 소고집이 구면.

소크라테스　예? 뭐라고 하셨습니까?

염라　　아니오. 피고인 고흐 들어오시오.

　법정 문이 열리고 귀 쪽을 하얀 붕대로 칭칭 감고 파이프 담배를 문 고흐가 들어왔다. 척 보기에도 인상이 우울해 보였다.

염라　　거 인상 좀 펴시오.

고흐	제가 인상파라 그렇습니다.
염라	으음. 그럼 담배라도 피지 마시오. 여긴 법정 아니오.
고흐	이게 담배 파이프로 보이십니까?
염라	아니오?
고흐	이건 제 귀입니다.
염라	뭐라고? 이게 뭔 소리요? 검사?
검사	염라 판사님이 이해하십시오. 고흐 이 사람이 좀 제정신이 아닙니다.
염라	어쩐지 으스스하구려.
검사	안 그래도 오늘 사건도 고흐가 좀 오락가락한 나머지 사고를 친 겁니다.
염라	말해 보시오. 어, 어. 피고인 고흐! 가까이 오지 마시오!
검사	오늘 피고인은 화가 고흐이고 피해자는 화가 고갱입니다. 두 사람 다 지금은 유명 화백이지만 살아서는 별 볼 일 없었죠. 두 사람은 깊은 우정을 나눈 만큼이나 싸움도 심하게 했습니다. 두 화가는 프랑스 남부 아를에서 같이 그림을 그리며 한동안 시간을 보냈습니다. 하지만 그림에 대한 견해 차가 생기면서 종종 말다툼을 벌이게 되었죠. 두 사람의 성격 또한 완전히 반대였습니다. 차가운 성격의 고갱과 달리 고흐는 열정적이고 흥분을 잘했습니다. 오늘도 보셨듯이 정신적으로 불안했습니다. 그리고 늘 술에 취

해 있었죠. 결국 고갱은 견디지 못하고 고흐와의 공동 생활을 끝내고 아를에서 떠나려고 결심했습니다.

염라 이해가 가오. 오늘 고흐의 상태를 보니….

검사 고갱이 떠나던 날 밤, 뒤에서 이상한 발자국 소리가 들렸습니다. 뒤돌아보니 고흐가 손에 면도칼을 쥐고 서 있었고 눈빛이 이상했습니다.

염라 (덜덜덜) 법정 경위. 피고인 고흐 옆에 와서 좀 지키시오.

검사 고흐는 떠나려는 고갱을 면도칼로 위협하다가 달아났습니다. 그길로 호텔방에 들어간 고흐는 자신의 귀를 잘랐습니다. 고흐의 동생 테오는 고흐를 병원에 입원시켰습니다. 고흐는 정신 분열을 일으켰던 것입니다.

염라 저 귀의 붕대가 그때 잘랐던 흔적이군.

고흐 그래서 전 귀를 입에 물고 있지요. 그러면 말하면서 들을 수 있어서 편리해요.

염라 대체 무슨 소리를….

소크라테스 피고인 고흐는 아무래도 정상이 아닌 듯합니다.

검사 본 검사 역시 안타깝습니다. 피고인 고흐는 지금까지도 많은 이들이 사랑하는 그림을 남긴 훌륭한 화가입니다. 하지만 고흐가 꼭 신사였다고만은 할 수 없겠습니다. 더구나 고갱이 떠나던 날 밤, 친구 고갱에게 면도칼을 들이대며 가지말라고 위협한 행동은 협박에 해당합니다. 고흐를 처벌해

	주십시오.
염라	아까운 인물이로고. 저 천재적인 화가가 저 지경이 되다니.
소크라테스	지금부터 고흐를 위해서 변론하겠습니다.
염라	소크라테스 변호사. 오늘은 웬일로 이렇게 젠틀하오? 언제 나 염라 판사님! 하면서 불쑥불쑥 끼어들더니.
소크라테스	변론해도 되겠습니까?
염라	하, 하시오.
소크라테스	고흐가 친구인 고갱에게 면도칼을 들이댄 것은 제정신에 서 한 행동이 아닌 것 같습니다. 그 뒤 정신 분열로 병원에 입원한 걸 보면 이때 벌써 정신이 이상해졌던 게 아닌가 싶 습니다. 고흐는 정신이 이상한 상태에서 친구를 협박한 것 입니다. 이렇게 제정신이 아닌 상태를 법에서는 '심신상 실' 상태라고 합니다.
염라	그래서 심신상실이 어쨌단 거요?
소크라테스	이런 '심신상실' 상태에서는 설사 죄가 되는 행동을 했더 라도 처벌받지 않습니다.
염라	엉? 왜?
소크라테스	심신상실이란, 다른 말로 하면 판단 능력을 잃은 상태입니 다. 사람으로서 올바른 판단과 행동을 할 수 있는데도 죄를 저질렀을 때 비로소 처벌해야 할 것입니다. 판단 능력이 없 는 사람이 저지른 일은 설혹 나쁜 결과가 생겼다고 하더라

도 범죄로는 되지 않습니다. '사고'에 가깝다고나 할까요. 우리는 짐승의 공격을 받아 다쳤거나, 물건에 부딪쳐 다쳤을 때, 운이 나빠 사고를 당했다고 생각합니다. 짐승이나 물건이 죄를 지었으니 벌을 주어야 한다고 말하지는 않습니다.

검사　　　변호사님. 말씀이 지나칩니다! 정신병이 있는 사람을 짐승이나 물건과 같이 생각해야 한다는 말입니까?

소크라테스　　물론 그런 뜻은 아닙니다. 이해하기 쉽게 비유를 한 것입니다. 계속 변론해도 되겠습니까?

검사　　　하, 하세요.

염라　　　오늘따라 너무 정중하게 무게를 잡으니 되려 불편하네….

소크라테스　　정신병으로 정상적인 판단을 못하는 사람들은 '처벌'이 아니라 '치료'를 해야 하겠지요. 그래서 심신상실 상태에서 저지른 행동은 처벌하지 않는다는 원칙이 있는 것입니다.

염라　　　근데 심신상실인지 아닌지를 어떻게 알 수 있소? 물론 아까 헛소리하던 고흐쯤 상태가 되면 단박에 알아보겠지만. 경험이 좀 있어야 하지 않을까?

소크라테스　　그럼 그런 피고인을 한 명 더 같이 재판하시겠습니까?

염라　　　그럽시다.

소크라테스가 박수를 짝짝짝 쳤다. 법정 문이 열리면서 철그렁 철그렁 하는 소리가 들렸다. 중세 시대 철제 갑옷을 두른 인물이 들어와 고흐 옆에 섰다.

염라　　　이거 뭐요? 로봇이오?

소크라테스　알론소 키하노라는 사람입니다.

염라　　　알론소 키하노? 첨 들어 보는 사람이군. 이 사람 재판을 같이 하자는 거요?

소크라테스　이왕이면 비슷한 사건이니 같이 하시죠.

검사가 미심쩍은 눈을 하고 갑옷 틈 사이로 피고인의 얼굴을 찬찬히 들여다보다가 소리를 빽 질렀다.

검사　　　아니, 이 사람은, 돈키호테 아닙니까?

염라　　　돈키호테라고? 소크라테스 변호사, 어찌 된 거요. 알론소 뭐시기라며?

소크라테스　돈키호테의 본명이 알론소 키하노입니다.

염라　　　말이 다르잖소. 고흐 재판만 하기로 해 놓고.

소크라테스　판사님이 정신적으로 정상이 아닌 피고인을 한 명 더 보고 싶다고 하시지 않았습니까. 그래서 데리고 온 겁니다.

검사　　　염라 판사님. 돈키호테 재판은 나중에….

염라　　　에익, 됐수다. 이왕 법정에 들어온 김에 같이 재판 합시다.

검사. 피고인 돈키호테의 죄상을 말해 주시오.

검사 ⋯할 수 없죠. 말씀드리겠습니다. 이 사람은 천방지축입니다. 계획적으로 죄를 저지른 건 아니지만, 동네방네 다니면서 자잘한 사고를 수없이 치고 다녔습니다. 명성은 높지만 실은 잔챙이 범죄자라고 할 수 있죠. 그는 이번에 남의 집 풍차를 보고 "거인이다!"라고 소리치면서 들입다 돌격해서 부숴 놓았습니다. 이 자를 처벌해 주십시오.

소크라테스 잠깐요, 염라 판사님. 돈키호테가 정상인 것 같습니까?

염라 정상은 아닌 것 같소. 법정에 갑옷을 입고 들어오는 인간이 정상이라면, 난 디카프리오요.

검사, 소크라테스 예에?

염라 흠흠. 그만큼 비정상으로 보인다는 거요.

소크라테스 그렇습니다. 돈키호테는 정신에 문제가 있는 사람입니다.

검사 아닙니다. 확신할 수 없습니다.

염라 알았소, 검사가 이의를 제기하니 내가 직접 몇 가지 물어보겠소. 피고인 돈키호테. 남의 풍차는 왜 부쉈소?

돈키호테 풍차가 아니라 거인이었다.

염라 풍차였다는데?

돈키호테 아니다. 아주 컸다.

염라 그래서?

돈키호테 풍차는 크다. 거인도 크다. 고로 풍차는 거인이다.

염라	크면 다 거인이요?
돈키호테	그럼 큰데 거인이 아니냐?
염라	(이거 묘하게 대답할 말이 막히네.) 그건 그렇고 왜 아까부터 반말이오!
돈키호테	당신은 내 부하니까.
염라	뭐시라?
돈키호테	산초 판사가 내 부하였다. 고로 염라 판사도 내 부하다.
염라	…이거 뭐 황당의 극치로군. (소크라테스를 보며) 이제 좀 알겠군. 고흐와 돈키호테 두 사람을 이어 보고 나니깐 이제 심신상실인 사람들을 알아볼 수 있을 거 같아.
소크라테스	과연 그럴까요?
염라	뭐라고? 조금 전에 나더러 직접 보라고 돈키호테를 불렀잖소.
소크라테스	그건 비슷한 성격의 재판이라 그건 거고… '심신상실' 상태인지 아닌지는 전문가인 의사가 판단해야 정확할 것입니다. 남들과 좀 다르다고 해서 곧 심신상실인 건 아니니까요.
염라	쩝. 그건 그렇겠지.
소크라테스	그래서 실제 재판에서는 심신상실이 문제가 되면 이 사람이 정상인지 아닌지를 의사에게 물어보게 됩니다.
염라	…어찌 보면 다행이군. 나로서는 어려운 판단 문제의 짐을 던 거 같아.

소크라테스　　그런데 판단 능력에 문제가 있는 상태도 여러 단계가 있습니다. 완전히 정상에서 벗어난 사람도 있고, 어느 정도는 사리 분별을 할 수 있는 사람도 있습니다. '심신상실'은 완전히 정상에서 벗어난 상태를 말합니다. 판단 능력이 없기에 전혀 처벌을 받지 않습니다.

반면에 완전히 정상은 아니지만 그렇다고 완전히 판단 능력을 잃지도 않은 어중간한 상태도 있습니다. 이것을 '심신미약'이라고 말합니다. 정상과 심신상실의 중간인데요, 완전히 제정신을 잃은 건 아니지만 사리 판단이 다소 '미약'한 상태입니다.

염라　　말 그대로네. 심신이 미약하다 이거지.

소크라테스　　그렇습니다. 심신미약인 사람은 약간은 제정신인 만큼 약간은 책임을 지도록 하는 게 맞겠지요. 그래서 벌도 약간 주도록 되어 있습니다.

염라　　'심신미약'은 바꿔 말해 '심신 약간 상실'이구먼. 그래서 '처벌 약간'이고.

소크라테스　　예. 정상인과 심신상실인 사람의 중간 정도로 처벌한다고 이해하시면 되겠습니다.

염라　　간단히 말해 **'심신상실'이면 처벌받지 않고, '심신미약'은 심신상실보다 좀 덜한 상태이며, 처벌은 받되 약하게 받는다,** 이거 아니오.

소크라테스	오오, 염라 판사님. 정리를 정말 깔끔하게 잘하셨습니다.
염라	이론은 됐고, 사건으로 돌아가서 이야기합시다.
소크라테스	그러지요. 고흐와 고갱이 헤어지던 날 밤으로 돌아가 보겠습니다. 불행한 화가 고흐를 협박죄로 벌하기는 곤란할 것 같습니다. 자신의 귀를 자르고, 정신 분열로 병원에 입원한 걸로 보아 아마도 고갱을 위협하던 그날 밤 고흐는 심신상실 상태였을 테니까요.
염라	지금도 그런 것 같소.
소크라테스	돈키호테도 더 변론해야 할까요?
염라	필요 없소. 제정신이 아닌 게 분명한 듯하오.
소크라테스	맞습니다. 제정신이 아닌 사람이 풍차를 부쉈다고 해서 처벌할 수는 없습니다.
검사	본 검사는 변호사가 도중에 데리고 들어온 돈키호테에 대해서는 이의가 있습니다. 일단 고흐만 판결을 내려 주시고 돈키호테는 나중에 천천히 재판하시죠.
염라	알았소, 그럼 먼저 피고인 고흐…뿐 아니라 돈키호테도 무죄!
검사	앗, 판사님, 잠시만요! 돈키호테에 대해서 이의를 제기하려 했는데(얍삽하게…).
염라	늦었소(귀찮게 뭘 또 재판을 해!).
검사	….

검투사 막시무스는
꼭 상대방을 죽여야 했을까?

(기대가능성)

염라　　아니, 당신은 막시무스!

　여느 때와 다름없이 법정에 들어와 앉으며 피고인에 눈길을 주던 염라왕은 놀라서 소리를 지르고 말았다. 피고인석에는 얼굴에 긴 칼자국 흉터를 가진 남자가 있었다. 고릴라만 한 덩치에 부리부리한 눈빛을 한 그는 끈으로 칭칭 발목을 감은 글래디에이터 신발과 너덜너덜한 팬츠 외에 옷가지는 거의 걸치지 않았고, 검은 빛의 근육이 날로 불거진 몸이 법정 안을 야성적인 분위기로 채우고 있었다. 염라왕이 소리치자 남자는 부리부리한 눈빛을 도전적으로 쏘아 보냈다. 염라왕은 찔끔해서 말했다.

염라	…님, 이시죠?
막시무스	그래서 어쩔 거요!
염라	아니, 그냥 여쭤본 거로….
검사	맞습니다. 오늘의 피고는 로마의 검투사 막시무스입니다. 근데 염라 판사님이 막시무스는 어떻게 아십니까?
염라	로마 시절, 검투사 경기를 좋아해서 경기장에 직접 가서 봤지. 그때 막시무스는 최고의 스타였어. 칼질 몇 번에 다른 검투사는 추풍낙엽처럼 나가떨어졌지. 아마 사자도 두어 마리 때려잡았을 걸.
막시무스	크하하. 잘 아시는군. 지금 걸치고 있는 팬츠도 사자 가죽이지.
염라	역시… 근데, 이 무서운 양반은 좀 나중에 재판하지 왜 이리 일찍 법정에 불렀소?
검사	로마 시대 사건이니까 벌써 2,000년이나 흘렀습니다. 더 이상 재판을 미룰 수 없습니다.
염라	(이놈의 하데스… 곤란한 재판은 미뤄 두었군.) 아무튼 피고인이 화가 많이 나 있는 것 같으니 빨리빨리 재판합시다.
검사	로마 시대에는 아시다시피 검투사가 있었습니다. 노예나 포로들이 주로 검투사가 되어 경기장에 나와 시민들 앞에서 칼을 들고 싸웠습니다. 이 막시무스도 원래 장군이었는데 나쁜 황제의 음모에 빠져 노예로 팔렸습니다. 그러던 중

에 좋은 몸을 인정받아 검투사가 되었지요. 막시무스는 검투사로 경기에 출전해서 수십 명의 다른 검투사들을 죽였습니다. 피고인 막시무스를 살인죄로 처벌하여 주십시오.

막시무스 내가 뭘 잘못이 있다고 처벌한다는 거야!

검사 당신은 사람을 죽였소. 재판을 받고 지옥에 가시오.

막시무스 쳇. 니가 가라, 지옥.

검사 이, 이 자가….

염라 그러게 좀 나중에 재판하지 그랬소. 재판하기 전에 경비들을 좀 불러 주시오.

막시무스 그럴 필요 없소. 말이 좀 걸걸해서 그렇지, 난 폭력적인 사람이 아니오.

염라 그래도 당신의 싸움을 직접 본 나로선….

소크라테스 그렇습니다!

염라 익! 뭐요, 갑자기.

소크라테스 막시무스는 폭력을 좋아하는 사람이 아닙니다.

검사 근데 폭력을 썼잖아요. 사람도 죽였고.

소크라테스 자발적으로 했던 것은 아니었죠. 로마에서 시키는 대로 싸울 수밖에 없었습니다.

염라 맞아, 맞아. 검투사들은 무조건 싸워야 했어. 겁먹고 제대로 싸우지 않을 때는 화가 난 관중들을 달래기 위해 그 자리에서 목이 달아난 경우도 있었어.

소크라테스   아시는 대로입니다. 검투사들은 살아남기 위해서 서로 죽이지 않으면 안 되었습니다. 로마 시대의 검투사들은 많은 인기를 얻기도 하고 자유롭게 풀려난 사람도 있었지만, 수많은 싸움을 거쳐 살아남은 후의 일이었습니다.

검사   하지만 싸움에서 이긴 검투사들은 승리자이기 이전에 분명 사람을 죽였습니다. 소크라테스 변호사식으로 논리를 펼쳐 볼까요? 상대방을 죽인다는 것도 알고 있었고 죽이려는 생각도 갖고 있었습니다. 고의가 있다는 거죠. 자기가 휘두른 칼에 맞아 상대방이 죽었으니 인과관계도 있습니다. 그렇다면 살인죄가 되는 것입니다. 비겁한 변명은 하지 마십시오.

소크라테스   좋습니다. 일단은 막시무스의 행동이 죄에 해당한다고 인정합니다. 그렇다면 다음 단계로, '특별한 사정이 있어 죄로 인정되지 않는 경우'에 해당되는지 따져 보아야 하지 않겠습니까?

검사   뭘 자꾸 따져요?

소크라테스   정당방위는 안 될까요? 상대방의 공격에 맞서서 죽인 것이니까요.

검사   서로 싸운 것이니 정당방위로 되지 않습니다. 싸움은 원칙적으로 정당방위가 되지 않는다고 소크라테스 변호사 스스로가 예전 재판에서 말하지 않았습니까?

소크라테스	그렇다면 긴급피난은 어떨까요? 막시무스의 살인은 다가온 재난을 피하기 위한 긴급피난에 해당될 수는 없을까요?
검사	해당되지 않습니다. 재난이 있었습니까? 싸움이 있었을 뿐입니다.
소크라테스	심신상실은요?
검사	막시무스가 완전히 정신을 잃은 심신상실 상태에서 상대방을 죽인 겁니까? 아니죠. 싸우다가 좀 흥분은 했겠지만 심신상실은 아니었습니다.
막시무스	그렇소! 차라리 벌을 받고 말지, 모욕은 싫습니다! 심신상실이라니. 난 맨정신이었다고요.
염라	소크라테스 변호사의 이야기를 들어보았지만 도무지 해당되는 게 없구려. 아무래도 오늘은 검사의 승리로 끝날 듯하오. 막시무스는 유죄 판결을 받아야 할 것 같은데….
소크라테스	잠깐만!
염라	그러리라 예상했소. 뭐요.
소크라테스	막시무스의 사건을 올바르게 해결하려면, 우리는 형법의 또 다른 원리를 알아야 합니다.
염라	무엇이오(이젠 지겨워).
소크라테스	**기대가능성**이라는 원칙입니다.
염라	기대가능성? 왠지 전문 용어처럼 들리지 않아서 좋군.
소크라테스	그 상황에서 올바른 행동을 기대하기 어려웠다면 죄가 되

지 않는다는 원칙입니다. 법에 맞는 행동을 **기대**할 **가능성**이 없었다면 벌하지 않습니다.

염라 말인즉슨 맞소만, 너무 두루뭉술하지 않소.

소크라테스 기준은 '보통 사람의 상식'입니다. '보통 사람 누구라도' 그런 상황에서라면 올바른 행동을 하기 어려웠다, 그럴 수밖에 없었다고 인정되면 벌하지 않는다는 원칙입니다. 더 쉽게 표현하면, '다른 사람도 그 상황에서는 그렇게 행동했을 거야'라고 인정되면 벌하지 않는다는 것입니다.

염라 그래도 막연하오. 예를 한번 들어보시오.

소크라테스 기대가능성이 없어서 죄가 되지 않는 대표적인 예가 '강요된 행위'입니다. 강요된 행위란, 누군가가 때리거나 협박하면서 범죄를 하도록 시킨 경우입니다. 힘이 무지막지하게 센 사람이, 혹은 여러 명이 마구잡이로 때리면서 나쁜 일을 시키는 경우, 또는 시키는 대로 하지 않으면 가족을 죽이겠다고 협박하면서 나쁜 일을 시키는 경우입니다. 영화에도 자주 나오는 장면이죠? 총구를 머리에 들이대고서 다른 사람에게 총을 쏘지 않으면 죽이겠다고 한다면? 가족을 인질로 잡고서 은행을 털지 않으면 가족을 죽이겠다고 협박한다면?

염라 물론 겁이야 나겠지만, 정말 제대로 된 사람이라면 그래도 옳은 일을 선택하지 않겠소? 뭐 간다나, 이런 훌륭한 사람들.

소크라테스 간디쯤 되는 특별한 위인이라면 다른 결정을 할 수도 있을
것 같습니다. 자신의 목숨을 버리고서라도 나쁜 일은 않겠
다고 버틸지도 모르겠습니다. 하지만 법은 '보통 사람'을
위한 규칙입니다. 사람들에게 간디처럼 위대해지라고 요
구하지 않습니다. 간디가 되지 못했다고 벌할 수도 없고요.

염라 …사실 간디라도 과연 버텼을지 의문이오.

소크라테스 염라 판사님. 제 변론은 거의 끝나갑니다. 그래서 하는 얘
긴데, 하는 김에 다른 재판을 한 건 더 처리해 주시지요.

염라 뭐? 싫어. 피곤해.

검사 나도 싫습니다. 나중에 합시다.

소크라테스 아주 간단하게 끝낼 수 있는 사건입니다.

염라 날 과대평가하는군. 내가 간단하게 끝낼 수 있는지 소크라
테스 변호사가 어떻게 안단 말이요.

소크라테스는 "보시면 압니다" 하며 박수를 짝짝짝 쳤다.

염라 아니, 이 사람아. 재판하기 싫다니깐.

염라왕의 만류에도 불구하고 이미 법정 문은 열렸다. 시커먼 얼굴에
마른 체격의 남자가 걸어 들어왔다. 머리칼이 부스스하게 길어 있었다.

남자의 얼굴을 본 염라왕은 흠칫 놀랐다.

염라　　　아, 아니. 당신은 텔, 텔, 테테레테테, 텔….

소크라테스　그렇습니다. 윌리엄 텔입니다.

염라　　　윌리엄 텔이 왜 또… 아, 그렇지. 대기 상태지.

소크라테스　예. 제가 지난번에 부탁드려서 염라 판사님이 곧장 선고 않

　　　　　으시고 잠시 연옥에 대기시켜 놓았었죠.

염라　　　근데 왜 지금 데리고 나왔나?

소크라테스　오늘 윌리엄 텔의 재판을 쉽게 끝낼 수 있기 때문입니다.

염라　　　오늘…? 아, 강요된 행위!

소크라테스　그렇습니다. 윌리엄 텔은 활을 잘못 쏘아 실수로 아들을 맞

　　　　　혀 죄를 저질렀습니다. 하지만 그건 못된 오스트리아 총독

　　　　　이 강요해서 할 수 없이 활을 쏜 거였지요. 그러니….

염라　　　역시 강요된 행위로 결국 무죄다, 이거군.

소크라테스　아니겠습니까?

염라　　　알겠네. 일단 윌리엄 텔이 그동안 많이 기다렸으니까 빨리

　　　　　끝내지. 무죄를 선고하는 바이오.

　윌리엄 텔은 감격에 겨워 그 자리에서 어린아이처럼 엉엉 울기 시작
했다.

윌리엄 텔	감사합니다. 엉엉. 저 윌리엄 텔, 텔, 테테레테테 텔…은.
염라	에익, 인사는 됐고, 그만 가시오.

월리엄 텔은 털이 복슬복슬한 팔뚝으로 눈물을 훔치며 법정을 나갔다.

염라	어떻게 보면 텔 저 양반, 사람은 참 순수해 보이는군.
소크라테스	보통 사람입니다. 그래서 악당이 시키는 대로 할 수밖에 없었던 겁니다.
염라	그런 상황에서 할 수 없이 저지른 범죄는 처벌하지 않는 거고.
소크라테스	그렇지요. 목숨이 위협받는 상황에서 무조건 올바른 행동을 하기를 '기대할 수 없기' 때문입니다.
염라	잠깐, 근데 어제 케이블 티브이에서 하는 영화 보니까, 범인이 시키는 대로 나쁜 짓을 한 주인공이 벌을 받을까 봐 막 도망치던데. 스티븐 시갈 나오는.
소크라테스	그건 법을 잘 몰라서 그러는 일입니다. 범인이 강요해서 할 수 없이 저지른 일이라는 게 밝혀지면 처벌받지 않습니다. 도망치지 말고 경찰에 가서 당당하게 사실을 밝히면 될 일입니다.
염라	영화를 막 만들었구먼. 에익, 스티븐 시갈놈.

연옥 직원   판사님!

염라   흠흠, 그렇다면 이제 본 사건을 봅시다, 막시무스도?

소크라테스   막시무스는 결투를 강요당했습니다. 막시무스는 노예였고, 자신의 의사로 싸운 것이 아니었습니다. 강대국 로마의 명령에 따라 결투를 벌였습니다. 감히 누가 로마의 명령을 거부할 수 있었을까요? 명령에 따라 싸워 상대방을 죽이지 않으면 자기가 죽게 되는데요.

아무리 근육질의 막시무스라도 로마를 상대로 '사람을 죽이기 싫다'고 외칠 만큼 간까지 근육질은 아니었습니다. 자신의 목숨을 내던지는 거나 마찬가지니까요. 상대방을 죽이지 않으면 자기가 죽을 판에 칼을 내려놓을 사람은 없습니다.

염라   나라도 그랬을 것 같긴 해. 어쩌니 저쩌니 해도 아마 간디라도 그랬을 거요.

소크라테스   그렇습니다. 그게 바로 보통 사람입니다. 그리고 사실 간디도 좀 거품이 있겠죠. 검투사 막시무스의 살인은, '강요된 행위'였습니다. 명령을 거부하고 싸우지 않을 '기대가능성'이 없었습니다. 따라서 피고인 막시무스는 무죄입니다.

염라   알았소. 무죄로 합시다(잘됐다! 유죄였으면 저 무서운 막시무스가 난리를 쳤을 거야).

검사가 얼굴이 붉으락푸르락해서 책상을 쾅 치며 일어났다.

검사   소크라테스 변호사님. 사람 놀리는 겁니까?

소크라테스   제가 뭘요?

검사   그럼 처음부터 '기대가능성'이 없었다고 주장할 것이지, 정당방위니 긴급피난이니 일일이 왜 따졌습니까?

소크라테스   그야 염라 판사님이 이해하기 쉽게, 설득하는 과정이었지요.

검사   그래도 나한테 그런 식으로 하면 섭섭하지.

막시무스가 앉은 뒤편 방청석에서 돌연 흑흑흑 하는 소리가 들려 검사와 소크라테스의 말싸움은 끝이 났다. 방청석에는 근육질의 건장한 남자와 비쩍 마른 남자가 앉아 있었다.

염라   거 방청석에 누구요? 막시무스 가족이요?

방청객들   아닙니다. 흑흑.

염라   그럼 왜 우는 것이요?

방청객들   그냥 재판을 보다 보니 기분이 나빠져서 웁니다.

염라   기분이 나빠? 대체 누구신데?

깡마른 방청객   간디라고 합니다.

근육질 방청객   난 스티븐 시갈놈이요.

...

"소크라테스 변호사와 오랜만에 이렇게 차를 한 잔 하는구려."

"요즘은 좀 재판에 익숙해지셨습니까?"

"갈수록 어려워져."

"그래도 지금까지 참 많은 재판을 공정하게 하셨습니다. 요즘엔 지옥계의 감옥에서 불만이 들리지 않는다죠?"

"예전 하데스 녀석이 마구잡이로 재판할 때하곤 다르니까. 다 소크라테스 변호사 덕분이요. 지금은 어떤 행동을 처벌할지, 또 어떤 행동을 처벌하지 말아야 할지 조금은 알 것 같아."

"다행입니다."

"'당신은 대충 나쁜 짓을 한 것 같소. 감옥에 가시오!', 이런 게 형사재판인 줄 알았는데 그렇지 않다는 걸 알았어."

"맞습니다. 그렇게만 한다면 재판이 얼마나 쉬울까요. 하지만 사람의 죄를 판단하는 일은 너무나 어렵습니다."

"좋은 이야기이긴 한데, 차 마시면서 어째 너무 무거운 이야기로 흐르는 것 같지 않소?"

"죄 지은 사람을 처벌하는 일도 중요하지만, 죄를 짓지 않은 사람이 억울하게 처벌받는 일도 없어야 합니다. 그것이 형사재판의 어려움이자 고민입니다."

"이 사람이 아랑곳 않고 어려운 이야기를….'"

"앞으로 대기하고 있는 재판을 보니, 지금까지와는 좀 다른 것들이어서 미리 말씀드리는 겁니다."

"어떤 종류인데?"

"지금까지의 재판에서 문제된 건 주로 형법, 다시 말해 죄와 벌에 관한 법이었습니다."

"그럼 형사재판에서 형법이 문제지 뭐가 문제가 되오?"

"재판 자체를 어떻게 할 것인가 하는 문제가 그만큼이나 중요합니다."

"재판을 어떻게? 잘하면 되지 않소."

"바로 그 '잘하기 위해서'입니다. 형사재판은 엄격한 원칙을 세워 놓고 그에 따르도록 하고 있습니다. 말하자면 '재판의 법칙'이지요. 그 원칙은 죄와 벌을 정한 형법 이상으로 엄격합니다."

"머리가 어질어질해지려 하오. 왜 그리 딱딱한 규칙이 많단 말이요."

"형사재판에서 제일 중요한 게 무엇이라고 생각하십니까?"

"그거야 결론을 잘 내리는 거 아니오. 이 피고인이 유죄일까 무죄일까, 또 유죄라면 형을 얼마나 선고할까, 그런 거지."

"맞습니다. 그런데 그만큼, 혹은 그 이상으로 중요한 문제가 있습니다. 그건 재판 절차가 공정해야 한다는 겁니다. 절차에 문제가 있으면 아무리 결론이 좋아도 사람들은 그 재판을 믿지 않습니다. 형사재판은 일단, 무조건, 철두철미, 좌우간 '절차가 공정'해야 합니다."

"절차라….

"그렇습니다. 앞으로의 재판에서는 지금까지와는 좀 다른 생각과 법이 등장하게 될 것입니다. 주로 형사재판의 절차가 문제되는 사건들이 대기하고 있습니다."

"그 생각만으로도 마음이 무겁구려…."

소크라테스는 부담감으로 풀이 죽은 염라왕의 손을 덥석 잡았다.

"염라왕님… 아아…."

안쓰러워진 소크라테스는 붙잡은 염라왕의 손을 쓰다듬었다. 그때 문이 벌컥 열리며 욱 검사가 들어왔다.

"아, 아니! 이 장면은?"

"거, 검사! 아니오!"

진술 4

재판은 결과보다
과정이 중요하다

형사재판의 원칙

알리바바와
도둑들만 아는 암호는?

(무죄추정의 원칙)

염라왕은 아침에 법정에 들어서며 욱 검사의 눈치를 보았다.

염라 욱 검사, 굶었니?

검사 굶었니, 라뇨?

염라 (굿모닝을 유머러스하게 말한 건데, 쩝) 아, 아니오. 좋은 아침.

검사 어제 사무실에서 소크라테스 변호사와 같이 계셨죠.

염라 욱 검사. 그, 그건 분명 오해요. 우린….

검사 오해하지 않습니다. 재판이 공정해야 한다는 말씀을 두 분
이서 나누셨다고요.

염라 그, 그렇소! 결론도 중요하지만, 절차 또한 얼마나 중요한

지에 대한 깊은 대화였소.

검사   그렇다면, 판사님과 변호사님이 방에 틀어박혀 둘만 이야기를 나누시면 공정한 재판이 이루어지겠습니까?

염라   음. 알겠소. 다음부터는 그러지 않겠소.

검사   의심을 사는 행동은 앞으로 삼가 주십시오.

염라   알았다니까. 되게 딱딱거리… 어쨌든 재판을 시작합시다. 오늘 피고인은… 헉!

검사   놀라실 것까지야.

염라   피고인이 왜 이리 많소? 하나, 둘, 셋… 모두 11명이구려.

검사   맞습니다. 이 자들은 모두 도둑입니다.

소크라테스   이의 있습니다. 모두는 아닙니다.

염라   모두는 아니라고? 대체 무슨 사건이요. 설명해 보시오.

검사   아라비아에 알리바바라고 하는 굉장한 부자가 살았습니다. 알리바바가 사는 동네 산속에는 40명의 도둑 떼가 살고 있었고요. 이 도둑들은 바위 동굴에 사는 주제에 첨단 장비도 갖추고 있었습니다. '열려라, 더덕!'인가 뭔가만 외치면 음성 인식으로 드르르 열리는 자동 바위였죠. 그 40명의 도둑이 알리바바란 사람의 집을 털다가 그중 11명이 체포되었습니다. 아쉽게도 나머지는 모두 도망쳐 버렸습니다.

염라   40명의 도둑 떼라니! 무섭군. 그런데 어떻게 잡혔단 말이오?

검사 알리바바의 집에 살던 아름답고 똑똑한 여종 마르자나의 기지로 도둑들을 소탕했습니다. 도둑들이 항아리에 숨어 있었는데 마르자나가 끓는 기름을 부었거든요.

염라 오.오.오.

검사 한 명의 도둑도 무서운데 40명이라니, 위험한 자들입니다. 이 자들을 엄히 처벌해 주십시오.

소크라테스 잠깐만!

염라 그렇지. 안 튀어나오면 소크라테스 변호사가 아니지. 무엇이오?

소크라테스 제가 아까 밝혔듯이 이들 모두가 도둑인 건 아닙니다.

염라 그건 무슨 말이오?

소크라테스 도둑들이 항아리 속에 숨었다가 끓는 기름 때문에 잡힌 건 맞습니다. 근데 도둑 일당이 아닌데 항아리에 숨어 있다가 억울하게 잡혀 온 사람이 있습니다.

염라 뭐라고? 그게 정말이오, 검사?

검사 …예. 그건 맞습니다. 피고인들이 모두 11명인데, 그중 10명은 40인 도둑 떼 패거리임이 분명합니다만, 다른 한 명은 지나가던 나그네인데 항아리에 들어가 자다가 끓는 기름을 된통 뒤집어쓰고 잡혀 온 게 맞습니다.

염라 별 희한한 자로군. 왜 하필 항아리에서 잔단 말이오?

검사	호텔비는 없고, 노숙은 하기 그렇고, 그랬던 모양입니다.
염라	알았소. 그럼 그 사람만 빼고 처벌하면 되지. 피고인들 들으시오! 당신들 중에 누가 지나가던 나그네요?

피고인석에 있던 11명이 모두 저마다 나서 저요, 저요! 하며 외쳤다. 손을 들고 서로 밀치며 난리였다.

염라	조용! 이게 다 뭐요. 검사. 저들 중에 누구요?
검사	저도 모릅니다.
염라	뭐요? 아니, 그럼···.
검사	서로 저렇게 자기는 도둑이 아니라고 난리입니다. 도둑들끼리도 말을 맞춰서 다 거짓말을 하고 있고요. 도저히 밝혀낼 수가 없었습니다.
염라	일을 어떻게 하는 거요? 검사.
검사	(뾰로통) 저도 할 말 있습니다. 원래 도둑은 남의 눈이 없는데서 물건을 훔치는 법 아닙니까. 그러니까 잡기가 무척 어렵죠. 저만큼이라도 잡아 온 게 대단한 거 아닙니까?
염라	그래서 어쩌자는 거요? 도둑을 가려내지도 못하고.
검사	묘안이 있습니다. 11명 모두를 처벌해 버리면 됩니다. 그러면 도둑이 빠져나갈 수 없지 않겠습니까?
염라	응? 그건 그렇네.

소크라테스	그건 안 될 말입니다!
검사	안 되기는 뭐가 안 됩니까? 단순하게 계산해 봐도 그 쪽이 낫잖아요. 누가 도둑인지 몰라서 다 풀어 주면 1명의 나그네는 풀려나겠지만 나머지 10명의 도둑들도 풀려나게 됩니다. 반대로 모두를 처벌하면 1명의 나그네가 괜한 처벌을 받게 되지만 10명의 도둑들도 모두 처벌을 받게 됩니다. 10대 1입니다. 당연히 10명이 정당한 죗값을 치르는 쪽을 택해야지요.
소크라테스	안 됩니다!
검사	아, 글쎄, 왜요?
소크라테스	그런 식이라면 도둑 10명을 확실하게 처벌할 수 있을지는 모릅니다. 하지만 그러다 보면 도둑이 아닌데 덩달아 처벌받는 억울한 나그네 1명이 생기지 않습니까?
검사	그러니까 10대 1….
소크라테스	그건 수의 문제가 아닙니다. 그런 식이라면, 언젠가는 우리 중 누군가도 억울하게 죄인이 될지도 모릅니다.
염라, 검사	설마….
소크라테스	설마가 아닙니다. 누구에게나 일어날 수 있는 일입니다. 법이란 우리 모두를 위한 규칙입니다. 그런데 거꾸로 법이 억울한 사람을 만들어서야 안 될 말이죠. 차라리 범죄 조직이 우리를 쫓는다면 더 나을 겁니다. 경찰이나 가족이 우리를

지켜 줄 수 있으니까요.

그런데 법이 그렇게 한다면? 미심쩍다는 이유만으로 죄인
이라고 낙인찍고 감옥에 가둔다면? 생각만 해도 끔찍한 일
입니다. 법은 피하려야 피할 수가 없기 때문이죠. 그래서
법이 그런 식으로 쉽게 결정을 내린다면 더욱 더 무서운 일
이 됩니다.

염라   들어 보니 소크라테스 변호사 말이 맞는 것 같아.

소크라테스   그래서 예로부터 이런 유명한 말이 있습니다.

**"열 명의 도둑을 놓치더라도 한 명의 억울한 죄인을 만들
어서는 안 된다."**

염라   아얏! 그건 바로 우리 재판과 똑같은 상황 아니오.

소크라테스   그렇습니다. 10명의 도둑을 놓치더라도 1명의 나그네가
억울하게 처벌받는 일은 없어야 합니다.

염라   그렇다면….

소크라테스   누가 도둑이고 누가 나그네인지 검사님이 집어내지 못하
고 있는 이상, 모두 풀어 주어야 합니다. 석방을 명해 주십
시오.

염라   그래야 할 것 같은데, 왠지 내키지 않아….

소크라테스   또 그놈의 왠지 타령입니까! 논리를 따르십시오!

염라   오늘따라 왜 이리 소크라테스 변호사가 흥분하시오. 욱 검
사에게 물든 것이오?

검사	가만있는 저는 왜 건드립니까?
염라	아, 알겠소(상당히 심기가 불편해 보이는군).
소크라테스	법이 가장 싫어하는 일은 '억울한 사람을 만드는 것'입니다. 죄인 몇 명을 놓치더라도 억울한 죄인을 만들어서는 안 됩니다. 그 때문에 생겨난 원칙 중의 하나가 **무죄추정의 원칙**입니다.
염라	싫어하는 전문 용어가 드디어 나왔어.
소크라테스	뜻은 쉽습니다. 무죄추정의 원칙이란 '재판에서 유죄라고 판결이 나서 확정되기 전까지는 무죄로 취급해야 한다'는 것입니다. '어떤 사람에 대해 형사재판을 하고 있다'는 말은 그 사람이 죄가 있는지 없는지를 따져보려 한다는 것을 뜻합니다. 그런데 그 재판이 끝나기도 전에 그 사람을 죄인 취급한다면 모순이겠지요?
염라	이야기가 자꾸 멀리 나가오.
소크라테스	워낙 중요한 원칙이라서 말씀을 드리는 것입니다. 재판 끝에 무죄로 되는 사람도 있습니다. 그 사람을 단지 경찰에서 체포했다는 이유만으로 일찌감치 죄인 취급해서는 안 되겠지요? 그래서 '무죄추정의 원칙'을 둔 것입니다. 체포당해서 재판을 받고 있는 중이라 하더라도 아직 죄인 취급해서는 안 됩니다. 재판 중에는 '피고인'이라고 하지 '죄인'이라고 하지 않지요. 재판을 거쳐 유죄로 확정되었을 때 비

로소 '죄인'이 되고 감옥에 가게 되는 것입니다.

염라 여기서 한 가지 의문이 있소. 재판을 받는 동안에는 죄인 취급해서는 안 된다고 했잖소? 근데 분명히 갇혀서 재판을 받는 사람도 있지 않소? 유죄로 판결이 나기 전인데 왜 갇혀 있는 거요?

소크라테스 후훗. 예. 갇힌 채 재판을 받는 사람도 물론 있습니다. 재판 도중에 가두어 놓는 것을 **구속**이라고 합니다. 그런데 그건 그 사람을 '죄인' 취급해서 가둔 것이 아닙니다.

염라 그럼?

소크라테스 '저 사람이 재판 도중에 도망가지 않을까?' 혹은 '저 사람이 몰래 증거를 없애지 않을까?' 하는 의심이 들 때 일단 가두어 놓는 거죠. 도망가거나 증거를 없애 버리면 재판 자체가 이루어질 수 없겠지요?

염라 그게 그거 아니요?

소크라테스 가둔다는 건 같지만 이유가 다르죠. 죄인이기 때문에 구속하는 게 아닙니다. 재판을 해야 하는데, 도망을 가거나 증거를 없앨까 봐 가두는 것입니다. 여하튼 구속된다는 건 아주 큰일입니다. 그래서 구속을 할 것인가 말 것인가는 판사가 엄격한 기준을 가지고 결정합니다.

염라 이쯤에서 정리가 나오겠지?

소크라테스 그렇습니다. **판결이 내려지기 전에 죄인 취급을 해서는**

안 됩니다. 그것이 우리 모두를 위한 '무죄추정의 원칙'입니다.

염라 그럼 이 사건에 대해서 최종 변론해 보시오.

소크라테스 열 명의 도둑을 놓치더라도 한 명의 억울한 죄인을 만들지 말아야 합니다. 그것만 기억해 주십시오.

염라 알았소. 그럼, 피고인들 모두 석방!

피고인석에 있던 11명은 모두 환호를 지르며 얼싸 안았다. 그들은 이리저리 뒤섞여 법정 밖으로 나갔다. 휘파람을 부는 자도 있었다. 잠시 후 검사도 무표정한 얼굴로 법정을 휙 나가 버렸다.

염라 어, 어. 검사! 이런 나가 버렸군. 내가 오늘 너무 심하게 대했나?

소크라테스 11명이나 풀어 줬으니 기분이 상한 모양입니다.

염라 어제 내 사무실에서 우리 둘만 있는 걸 보고 비위가 상한 것 같기도 하오.

소크라테스 보기보다 꽤나 예민한 사람인 것 같습니다.

염라 보기에도 예민해 보였어.

염라왕과 소크라테스가 한참 검사의 뒷담화를 하고 있는데 검사가 도로 법정으로 쑥 들어왔다. 뒤이어 피고인들 중 10명이 다시 밧줄에

묶여 법정 안으로 들어왔다. 법정 안은 그들의 항의로 이내 소란스러워졌다.

"뭡니까, 이게. 풀어 줘 놓고 왜 또 잡아 옵니까!"

"엉터리 재판이다!"

"옳소, 옳소!"

검사　시끄럽다!

염라　이게 어찌된 일이오, 검사.

검사　법정에서 길 밖으로 나가는 통로를 큰 바위로 막아 놓았습니다.

염라　근데?

검사　이들 10명은 그 앞에서 "열려라, 참깨!"라고 외쳤습니다. 한 명만은 "열려라, 더덕!"이라고 외치면서 어쩔 줄 몰라했습니다. 도둑들만 아는 음성 인식 암호를 잘못 알았던 거지요. 그 한 명이 나그네였습니다.

염라　응? 그럼 아까 검사가 사건 설명할 때…?

검사　혹시 이 자들 모두 풀려날지도 모른다고 생각해서 일부러 '열려라, 더덕!'이라고 잘못된 암호를 이야기했습니다.

염라　으흠. 얍삽한… 어쨌든 그럼 이 자들은 도둑이 분명하군.

소크라테스　제가 보기에도 그렇네요.

염라　선고하겠소. 도둑질의 책임을 물어 모두 징역 10년에 처한다!

도둑들 재판해 놓고 이렇게 금세 뒤집어도 됩니까? 이런 법이 어

디 있습니까!

염라 내가 아까 석방한다 그랬지, 무죄라고 했니?

도둑들 ….

미란다는 왜 아동을
납치하고도 무죄인가?

(미란다원칙)

염라왕은 법정으로 들어가는 복도에서 검사를 마주쳤다.

염라	오. 욱 검사, 굶었니?
검사	판사님, 굶었니?
염라	오늘은 기분이 좋아 보이는구려.
검사	오랜만에 도둑을 10명이나 잡았잖습니까.
염라	알리바바는 이제 마음 놓고 편히 자겠지?
검사	그러지는 못할 겁니다. 한 번 도둑을 맞은 사람은 계속 불안에 떨거든요. 아직 도둑 떼 중에 30명이나 안 잡히기도 했고. 지금 알리바바는 이름도 알리바이로 바꾸고 숨어 지

내고 있습니다.

염라 그러고 보면 범죄란 게 당하는 사람한테는 참 무서운 거야. 그건 그렇고, 오늘 피고인은 누구요?

검사 미란다라는 사람입니다.

염라 미란다? 무슨 음료수 이름 같군. 아니면 아리따운 젊은 여성의 이름 같아.

검사 만만하게 보시면 안 될 걸요.

염라 혹시 못된 여자인가? 삼손을 유혹했던 데릴라 같은.

검사 후후, 들어가 보시면 압니다.

염라왕이 법정에 들어가 자리에 앉자 피고인의 얼굴이 눈에 들어왔다.

염라 엑! 이런 소도둑놈이 있나!

검사 그렇습니다. 오늘의 피고인은 달콤한 이름에 걸맞지 않은 대단한 악당입니다. 외모도 미란다보다는 고블린이나 울버린 정도가 어울리는 사람이고요.

미란다는 피고인석에 비스듬하게 다리를 꼬고 앉아 발가락을 까딱까딱하고 있었다.

염라	겉모습만 봐도 심히 비위가 상하는군. 어서 사건을 말해 보시오.
검사	1960년대 미국에서 일어난 사건입니다. 피고인 미란다는 이미 여러 건의 범죄를 저질렀던 사람인데 이번에는 어린 여자아이를 납치했습니다.
염라	어허, 고연 지고. 애들 상대로 하는 범죄는 뿌리를 뽑아야 해! (넌 오늘 죽었어. 무슨 변명을 해 봐라. 널 풀어 주나.)
검사	판사님의 결연한 얼굴을 보니 마음이 놓입니다. 이 자는 자기의 죄를 인정했습니다.
염라	자백을 했단 말이오? 그럼 처벌에 아무 문제가 없겠군.
검사	그렇습니다.
소크라테스	잠. 깐. 만.
염라	응? 왜 또 무게를 잡고 그러시오.
검사	소크라테스 변호사님. 오늘은 좀 힘들 겁니다. 염라 판사님이 미란다의 악행을 아주 미워하고 계시니까요. 어떤 논리를 펴도 이 사람을 무죄로 만들기는 어려울 걸요.
소크라테스	수사한 기록을 읽어 보았습니다.
검사	변호사니 그랬겠지요.
소크라테스	묵비권을 아십니까?
검사	무슨 뜬금없는 질문입니까. 경찰이나 검사, 법원의 질문에 답하지 않을 권리 아닙니까?

소크라테스	그리고 범인으로 체포된 사람은 변호사를 선임할 권리가 있지요?
검사	그래서요?
염라	검사. 그런 권리도 있소?
검사	(귀찮은 듯) 예.

소크라테스는 피고인석에 앉은 미란다를 향해 물었다.

소크라테스	미란다 씨. 경찰이 당신을 체포할 때, 당신에게 묵비권이 있다는 말을 했습니까? 또, 변호사를 선임할 권리가 있다는 걸 알려 주었습니까?
미란다	No.
염라	(역시 기분 나쁜 놈이야. 달랑 no라니….)
소크라테스	검사님, 어떻습니까? 말 안했다는데요. 맞습니까?
검사	그런 말 안 해 준 건 맞을 겁니다.
염라	검사. 범인을 체포할 때 그런 걸 알려 주어야 하오?
검사	예. 근데 판사님, 좀 끼어들지 말고 가만히 계세요. 소크라테스 변호사가 무슨 엉뚱한 소릴 하려는지 좀 들어 보게요.
염라	욱 검사. 오랜만에 좀 흥분한 거 같구려.
검사	좀 가만히 계시라니까요!
염라	….

소크라테스　역시 그렇군요. 수사한 기록을 보아도 그런 권리들을 알려 주었다는 기록이 없더군요. 그래서 미란다 씨와 검사님께도 확인을 했습니다.

검사　그래서요? 뭐가 문제입니까?

소크라테스　원래는 알려 주도록 되어 있죠?

검사　체포할 때 급하니까 좀 안 할 수도 있는 거 아닙니까?

소크라테스　안 할 수도 있는 거면 뭐 하러 알려 주도록 만들어 놓았습니까?

검사　그거야 원래 제도는 그럴듯하게 만들어 놓는 법이잖습니까.

소크라테스　묵비권, 그러니까 경찰의 질문에 답하지 않을 권리가 있다는 걸 알려 주지 않았고, 그 상태에서 미란다가 자신의 범행을 자백했지요?

검사　그렇다니깐. 그게 어때서요?

소크라테스　그게 문제라는 겁니다.

검사　(가만히 있다가) 푸핫핫.

소크라테스　왜 웃으십니까?

검사　미란다가 완벽하게 유죄니까, 할 말이 없으시죠? 아무리 그래도 그렇지, 그런 사소한 걸 문제 삼고 늘어집니까?

염라　내가 들어 봐도 그러네. 거 좀 이야기 안 할 수도 있지. 그게 뭐 어쨌다는 거요? 소크라테스 변호사.

소크라테스 미란다가 무죄라는 것입니다.

미란다 Wow.

염라, 검사 무어라고!

소크라테스 경찰은 미란다에게 묵비권이 있다는 것과 변호사를 선임할 수 있다는 것을 말해 주지 않았습니다. 그렇기 때문에 미란다의 자백은 증거가 되지 못합니다. 그래서 미란다는 무죄입니다.

염라 이보시오, 소크라테스 검사.

소크라테스 변호사입니다.

염라 아 참, 이런. 하도 어처구니가 없어 말까지 헛나갔군. 그래요, 소크라테스 변호사. 내 지금까지 소크라테스 변호사의 실력을 믿고 귀를 기울여 왔지만 이번 건은 너무하지 않소. 겨우 경찰이 말 몇 마디 안 했다는 이유로 저 흉악한 자를 무죄로 하라니.

소크라테스 나쁜 짓을 한 사람은 당연히 벌을 받아야 합니다. 그런데, 벌 주는 것 이상으로 중요한 게 있다고 제가 지난번에 말씀 드렸습니다.

염라 뭐더라…?

소크라테스 범죄자를 체포하고 재판을 할 때에는 법에서 정한 **절차**에 따라야 한다는 것입니다.

염라 아, 그거. 절차가 중요하단 얘기는 했지. 하지만….

소크라테스	범죄인을 처벌하려면 이런 과정을 거치게 됩니다. 경찰은 수사해서 증거를 수집하고, 검사는 법정에서 증거를 내고, 판사는 증거를 보고서 죄가 있는지 없는지를 판단합니다. 그런데 여기서, 만약 경찰이 마음대로 아무나 붙잡고 자백하라면서 윽박지르면 어떻게 될까요? 그럴듯한 증거를 대충 만들어 낸다면? 억울한 사람이 누명을 쓸 수도 있지 않겠습니까?
염라	그럴 수도 있겠지. 하지만, 미란다는….
소크라테스	나쁜 사람을 처벌하는 건 물론 정의입니다. 하지만 착한 사람을 잘못 처벌하는 건 최악입니다. 그걸 피하려면 일단은 절차에 따라야 합니다.
염라	그건 인정한대도….
소크라테스	우리 자신의 문제라고 생각해 보십시오. 만약 물건을 훔치지도 않았는데 자백하라고 강요하면서 잠을 안 재운다면 억울할까요, 안 억울할까요?
염라	말 좀 합시다!
소크라테스	(찔끔)
염라	이번 사건은 크게 절차를 어긴 게 아니지 않소! 겨우 말 몇 마디 덜 해 준 거 갖고 너무 야박하게 구는 거 아니오?
소크라테스	'이런 건 별 문제 아니야' 하고 대충 넘어갈 거면 형사소송법을 만들 필요가 없겠지요.

염라	형사소송법?
소크라테스	범인을 수사하고 재판하는 절차에 관한 법입니다. 그것이 **형사소송법**입니다. 억울한 사람이 생기는 일을 될 수 있는 한 피하기 위한 법이죠. 수사할 때와 재판할 때는 이러저러한 절차를 지켜라, 하고 자세하고 엄하게 정해 놓았습니다.
염라	그럼 묵비권이니 묵사발권이니 하는 그것도 형사소송법에?
소크라테스	그렇습니다. 경찰은 범인을 붙잡을 때 '왜 체포하는지'와 '변호사의 도움을 받을 수 있다'는 것을 알려 주어야 합니다.
염라	미란다 사건에 해당되는 거로군.
미란다	Right.
염라	누가 저 미란다의 입을 좀 막으시오. 한 마디 할 때마다 복장이 뒤집어지는구려.
미란다	Ooops.
염라	…이런 안 좋은 기분은 하멜피 이후로 오랜만이야.
소크라테스	형사소송법에서는 여러 가지 절차를 정해 놓았습니다. 고문하지 마라, 진술거부권을 알려 줘라, 범인을 수색하거나 증거물을 압수하려면 판사가 내어 준 영장을 받아서 해라 등등. 그런데 법에서 아무리 '이런 저런 절차를 지키시오' 해도 '에익, 귀찮다. 범인만 잡으면 돼지!' 하면서 경찰이

안 지킬 수 있습니다. 아무리 교실에서 떠들지 말라고 해도 떠드는 학생이 있는 것처럼요.

그래서 강력한 처방을 만들었습니다. 법이 정한 절차를 어기고 얻은 증거는 아예 효력이 없도록 했습니다. 이를테면 고문하거나 잠을 안 재우거나 해서 얻어 낸 자백은 무효이고, 판사의 영장 없이 압수한 증거물도 무효입니다.

염라 으음… 그래서야 허무하겠군. …꼭 그 방법밖에 없겠소?

소크라테스 소용없는 일은 안 할 테니까요.

염라 그야말로 극약 처방인데. 그러다가 나쁜 놈이 빠져나가면?

소크라테스 물론 그럴 위험도 있습니다. 하지만 그래도 **법을 어긴 수사로 얻은 증거는 무효**입니다. 그 때문에 범인을 놓치는 한이 있더라도요.

염라 증거가 좀, 아니 매우 아까운 생각이 드는구려.

소크라테스 그런 증거는 말하자면 부정 선수입니다. 재판이라는 경기장에 애당초 오를 수 없도록 해야 합니다. 아무리 잘 뛴다고 해도 약물 복용한 선수를 육상 대회에 출전시킬 수는 없지 않습니까?

염라 말이야 좋은데 그래서야 제대로 수사를 할 수 있을까?

소크라테스 CSI 과학 수사대 아시죠? 지문, DNA, 혈흔 분석 이런 거요. 과학 수사가 발달해서 범인을 윽박지르지 않아도 충분히 증거를 얻을 수 있습니다.

염라	…도무지, 왠지, 좌우지간 맘에 안 들어.
소크라테스	또 '왠지'라니요. 논리를 따르셔야지요. 염라 판사님.
염라	논리를 따르려니 주먹이 우는군.
미란다	Why?
염라	누가 저 입 좀 틀어막으라니깐!
소크라테스	판사님. 실은 미란다는 이미 인간계에서 재판을 받았습니다.
염라	엉, 그래? 결론은 어떻게 나왔소. 혹시… 유죄?
소크라테스	무죄였습니다.
염라	으음.
소크라테스	경찰이 미란다를 체포할 때 묵비권 등을 알려 주지 않았기 때문입니다. 그래서 미란다가 범행을 자백한 진술은 증거로서 무효가 되었습니다.
염라	젠장.
소크라테스	바로 그 사건에서 **경찰이 범죄자를 체포할 때는 체포당하는 이유와 변호사의 도움을 얻을 수 있다는 것, 진술을 거부할 권리가 있다**는 것을 알려 주어야 한다는 유명한 **미란다 원칙**이 탄생했습니다. 이 미란다 원칙은 법률에서는 아주 유명한 원칙이 되었습니다.
염라	저 나쁜 녀석이 무죄를 받은 것도 모자라 유명해지기까지 하다니. 이거야 정말.

검사	맞습니다! 정의가 땅에 떨어졌습니다.
소크라테스	하지만 '절차적 정의'는 지켰죠.
염라	그놈의 절차…(도무지 맘에 안 들어).
소크라테스	염라 판사님, 받아들이세요. 재판은 나쁜 짓을 처벌하는 일이 전부가 아닙니다. 제대로 된 절차를 지키는 일 또한 못지않게 중요합니다.
검사	소크라테스 변호사님! 결론만 옳다면 절차는 좀 무시해도 되는 거 아닙니까? 중요한 건 악당들을 처벌하는 거지, 그런 게 뭐 그리 중요하겠습니까?
소크라테스	하지만 그 반대로 한번 생각해 보셔야 합니다. 재판의 결론이 옳으냐 그르냐는 사람마다 의견이 다를 수 있습니다. 하지만 재판의 절차가 올바르다면 사람들은 재판의 결과가 좀 마음에 안 들어도 "그래도 공정하고 바른 절차에 따랐으니 후회는 없어!" 하고 고개를 끄덕이며 받아들일 것입니다.
염라	(끄덕끄덕) 그것도 그렇긴 해. 내가 지옥에서 일할 때 보니깐, 불만 내용이 다 "재판 과정에서 할 말을 다 못했다" 혹은 "한쪽 말만 듣고 불공평했다" 뭐 그런 것들이었어. 절차만 꼬박꼬박 지켜 주었다면 억울하단 생각은 다들 좀 덜 가졌을 거야.
검사	염라 판사님! 자꾸 이러실 겁니까? 오늘 재판 시작할 때는

무슨 일이 있어도 미란다를 감옥에 보낸다고 하시지 않았습니까!

염라 그건 그런데… 소크라테스 변호사 말을 듣다 보니 또 혹하게 되네.

소크라테스 절차에 어긋난 재판은 독을 품은 나무의 뿌리에 비유할 수 있습니다. 이런 나무가 맺은 과일은 제아무리 탐스럽다 해도 역시 독을 품은 과일일 뿐이고, 먹을 수 없습니다. 마찬가지로 절차에 어긋난 재판은 아무리 결론이 보기 좋아도 잘못된 재판일 수밖에 없습니다.

염라 오호! 비유가 좋소.

소크라테스 결과적으로 미란다 같이 나쁜 자가 석방되었지만, 미란다 원칙을 선언한 미국의 판결 뒤부터 경찰은 철저히 법을 지키며 수사하게 되었습니다. 이로써 법은 몇 단계 더 위대한 발전을 이룩한 것입니다. 연옥계에서의 재판도 마찬가지입니다. 미란다에게 무죄를 선고해 주십시오.

염라 으음. 말이야 다 맞는 말인데… 저 못된 자를….

염라왕은 고개를 절레절레 흔들다가 피고인 미란다를 향해 말했다.

염라 어떻소? 불만은 없겠지? 절차를 지킨 우리의 재판에 대해서는 어떻다고 생각하시오?

미란다	Not bad.
염라	젠장… 이거야 당최 비위가 상해서.
소크라테스	이제 선고를 내려 주십시오.
염라	으음.
미란다	Yo, man.
염라	저 자가 끝까지… 으음….
소크라테스	염라 판사님!
염라	피고인 미란다는… 무, 무, 무. 무우우우….
소크라테스	염라 판사님!
염라	우우우우우….
소크라테스	염라 판사님!
염라	우우우우우….

...

염라왕은 인간 세상으로 내려가는 지구철도999 안에 소크라테스 변호사와 같이 앉아 있었다. 사이다를 의자 한편에 놓고 삶은 계란을 열심히 까던 소크라테스가 말했다.

"염라 판사님. 기분은 좀 나아지셨습니까?"

"그다지 좋지 않아. 미란다 같은 자에게 결국 무죄 선고를 했으니."

"무죄, 한 마디 하시는 데 20분 걸렸습니다."

"하도 심정이 상해서 말이야. 게다가 그놈이 법정을 나갈 때 'What

the hell' 한 마디만 안 했더라도… 500년간 지옥에서 일하다 이제 갓 탈출한 나한테 그게 할 말인가."

"그래도 무죄 선고는 어쩔 수 없습니다. 그게 법이니까요. 받아들이시고 편하게 생각하세요."

"그래도 기분이 어째 좋지 않… 앗, 저 여자는 혹시 메텔이 아니오?"

검은 외투로 몸을 감싸고 검은 모자를 쓴 늘씬한 여성이 막 염라왕이 앉은 칸으로 건너와 무심하게 걸어오고 있었다. 검은 모자 사이로 치렁치렁한 금발이 흘러내렸고, 갸름한 얼굴에서는 미모를 넘어서 어딘지 신비한 분위기가 흘렀다. 메텔은 염라왕과 소크라테스가 앉은 좌석을 지나 다음 칸으로 건너갔다.

메텔이 들어오자 염라왕과 소크라테스의 대화는 끊겼고, 메텔이 지나감에 따라 두 사람의 목도 따라 움직였다. 메텔은 염라왕과 소크라테스에게 시선을 보내지 않았지만, 메텔의 모습이 다음 칸으로 사라진 뒤에야 염라왕과 소크라테스의 시선은 제자리로 돌아왔다. 그리고 끊겼던 대화가 다시 시작됐다.

"은하철도999의 주인공 메텔 양이 이 열차엔 웬일일까? 같이 여행하던 철이는 어디 가고?"

"한번 물어보지 그러셨어요? 염라 판사님."

"아, 아니야. 과, 관심 없어."

"근데 기분이 확 좋아지신 것 같습니다. 아까 그 이야기하면서 기운이 없으셨는데."

"응? 우리가 무슨 이야기 하고 있었지? 아, 그렇지. 이 사람아, 자꾸 지난 일 생각하면 뭐하나. 앞으로가 중요하지."

"맞습니다. 그래서 이번 여행을 같이 가시자고 제가 제안한 겁니다."

"그래, 무슨 재판이 열린다고 했지. 거길 견학 가자고."

"염라 판사님이 새롭게 등장한 재판의 절차 문제라는 것 때문에 많이 혼란을 겪으시는 것 같아서요. 남이 하는 재판을 보면서 한번 생각해 보는 시간을 갖자는 취지에서…."

"또 말투가 선생님처럼 딱딱하게 변하는군. 됐고, 어디라고?"

"조선 시대의 남원이라는 고을입니다."

"지금은 21세기인데 어떻게?"

"천계에서 인간 세상의 시간 순서는 의미가 없지 않습니까?"

"아, 그렇지. 그간 하도 오래 지옥계에 틀어박혀 있다 보니…."

"변학도라는 사또가 있습니다. 이 양반이 탐관오리라서 못된 짓을 좀 많이 하고 있는데, 이번에는 마을 처녀 춘향이에게 수청을 들라는 명을 내렸습니다."

"뭐야? 이런 나쁜 놈이 있나. 내가 아이들 상대로 하는 범죄 다음으로 미워하는 게 그런 성범죄야!"

염라왕의 큰 소리에 잠이 깬 앞 좌석 승객이 돌아보며 말했다.

"거 좀 조용히 합시다. 기차 전세 냈소?"

"아, 아니. 자넨 하데스가 아닌가?"

앞 좌석의 승객은 하데스였다.

"염라왕? 잘 지냈나. 하긴 잘 지내겠지. 연옥의 재판관이신데. 누군 컴컴한 지옥계에서 매일 술로 보내고 있는데 말이야."

하데스의 말투는 배배 꼬여 있었다. 아닌 게 아니라 원래 검은 하데스의 얼굴이지만 술과 불결한 환경 탓인지 더 시커멓게 변해 있었다.

"너무 낯 두꺼운 소리 아닌가? 자네가 재판을 엉망으로 한 탓에 내가 지옥계에서 얼마나 원성에 시달렸는데. 게다가 재판은 왜 그리 미루어 놓았나? 수백 년이나 된 사건이 수두룩하더구먼."

"뭐야! 나를 지옥계로 내몰고 편안한 자리 꿰찬 주제에 그런 말을 할 수 있나?"

"내가 뭘 내몰았나! 자네가 재판을 잘못해서 인사 조치 당한 거지!"

"내 재판은 완벽했어!"

소크라테스가 두 사람 사이에 끼어들었다.

"워, 워. 두 분 그만 하시지요. 다른 승객들이 모두 쳐다보지 않습니까?"

그래도 염라왕과 하데스는 재판을 잘했니, 못했니 하면서 싸움을 멈추지 않았다.

"그럼 제가 제안을 하나 하지요."

"(동시에) 무슨 제안?"

"안 그래도 지금 조선 시대에 유명한 재판이 열린다 하여 구경 가는 길이니, 하데스님께서도 같이 가시면 어떻겠습니까? 그 재판을 보면서 잘되었는지, 아닌지 평가를 해 보시면?"

하데스가 대뜸 자신 있게 말했다.

"좋아! 휴가를 가는 길이었지만 일이 이렇게 되었으니 이참에 같이 가서 내 실력을 보여 주지. 염라왕한테 한 수 가르쳐 주고 나머지 휴가를 보내야겠어."

"누가 누구를 가르친다는 거야!"

염라왕이 또 소리를 질렀다. 소크라테스가 염라왕을 말리며 말했다.

"자자, 그만 하시고. 제가 나머지 이야기를 해드리지요. 춘향이는 과거 시험을 보러 서울로 간 이몽룡을 그리워하며 변사또의 명을 거역했습니다. 화가 난 변사또는 '기생이 양반에게 반항하여 질서를 어겼다'는 죄목으로 춘향이에 대한 재판을 열었습니다. 오늘 보러 가시는 재판이 바로 그겁니다."

"그 재판이 왜 유명해졌나?"

"이야기가 널리 알려진 탓도 있지만 아무래도 미녀가 재판을 받는다는 점이 사람들의 호기심을 자극한 듯 합니다."

"그렇겠군. 만약 거꾸로 변사또가 피고인이라면 보고 싶지 않겠어."

암행어사 없이
춘향이 재판이 열린다면?

(증거재판주의)

　　남원 고을에 도착한 세 사람은 사람들 눈에 띄지 않게 조선 시대 옷으로 갈아입었다. 갓을 쓰고 도포를 입으니 염라왕은 그럴듯했지만, 코가 높은 소크라테스와 하데스는 이목을 끌어 세 사람이 지나는 길마다 동네 사람들이 수군수군했다. 변사또가 있는 동헌에 서둘러 도착하니 이미 춘향이의 재판이 시작되고 있었다.

하데스　　그런데 왜 판사가 아니라 사또가 재판을 하지?

소크라테스　　옛날에는 마을의 사또가 재판까지 담당했습니다. 그래서 변사또가 춘향이 재판까지 하는 거죠.

하데스　　소문은 들었지만 자넨 정말 똑똑하군.

변사또   네 죄를 네가 알렷다!

대청마루에 올라앉은 변사또가 고래고래 소리를 지르고 있었다. 마당에 앉아 목에 칼을 찬 춘향이가 당차게 변사또를 올려다보며 말했다.

춘향이   소녀의 죄가 무엇이옵니까?
변사또   저런, 고얀!
하데스   어째 변사또 말투가 염라왕하고 비슷하군.
염라   모욕하지 마!
변사또   네 죄는 '기생이 양반에게 반항한 죄'다!
춘향이   반항이 아니옵니다.

이때 하데스가 구경꾼들 틈에서 불쑥 튀어나왔다. 그걸 본 변사또가 소리쳤다.

변사또   거기 뒤에, 뭐냐!

하데스는 주변을 휘휘 둘러보다가 변사또를 향해 소리를 버럭 질렀다.

하데스   이 재판은 엉터리다!

변사또	넌 누구냐!
하데스	하데스다!
변사또	하기스?
하데스	하데스를 모르느냐? 지옥의 왕.
변사또	내 알 바 아니다. 무슨 근거로 재판이 엉터리라고 하는 거냐!
하데스	'기생이 양반에게 반항한 죄'라는 건 없다.
변사또	몰골을 보아 하니 지옥에서 왔다고 백성을 홀리려는 모양인데, 어쨌든 지금 이 조선 시대, 남원에서는 그런 죄가 있다!
하데스	어흑! 뭐라고!
변사또	할 말 없지! 당장 백성을 요사한 말로 홀리는 저놈을 감옥에 가두어라!
하데스	안 돼! 염라왕, 소크라테스, 도와줘!

하데스는 포졸들에게 끌려가면서 애처로운 눈길을 보냈지만 염라 왕과 소크라테스는 외면했다.

염라	지금 나섰다간 우리도 같이 곤란해질 수 있어.
소크라테스	예. 논리도 없이 정의감만으로 버럭 하고 나서니깐 저런 꼴을 당하죠. 하데스님은 이번 기회에 정신 좀 차리셔야 합

니다.

이런 대화를 하는 두 사람이었다. 변사또의 재판은 계속되었다.

변사또 춘향이 너에게 다시 한 번 묻겠다. 이제는 니 죄를 니가 알겠지!

춘향이 말도 안 돼… 흑흑, 이몽룡님. 어서 와서 소녀를 구해 주세요.

변사또 또 이몽룡 타령이냐. 기분이 매우 좋지 않다. 당장 선고를 내리겠다. 춘향이를 징역… 어디 보자, 몇 년쯤으로 할까….

재판은 그렇게 끝이 나려 했다. 변사또가 우유부단하게 망설이는 사이 소크라테스는 염라왕의 소매를 몰래 끌었다.

소크라테스 염라왕님. 이번엔 직접 한 번 나서서 변호해 보시죠.

염라 떨리는데. 바로 조금 전 하데스가 감옥에 갇히는 걸 봤잖아.

소크라테스 그거야 논리가 달려서 그런 거고요. 지금의 염라왕님 실력이면 충분히 변사또를 꺾을 수 있습니다.

염라 …아, 알겠네.

염라왕은 떨리는 걸음으로 반 발짝 앞으로 나왔다.

염라　　　자, 자, 잠깐! 이 재판은 잘못되었소.

변사또　　당신은 또 뭐요? 어디서 시키면 영감들이 자꾸 튀어나오는
　　　　　　거야?

염라　　　영감이라니! 난 염라왕이다.

변사또　　오늘따라 왜 이리 또라이가 많아. 하여간에 알겠다. 뭔 근
　　　　　　거로 내 재판이 잘못되었다는 거냐? 이 많은 구경꾼들 앞
　　　　　　에서 말해 보거라. 또 아까 그 늙은이처럼 엉뚱한 소릴 했
　　　　　　다간 감옥에 갈 줄 알아.

염라　　　반말하지 마! 얼굴로 봐도 내가 나이가 많잖아!

변사또　　…젠장. 그럼 서로 말을 높입시다.

염라　　　피차 얼굴 붉히지 말고 그럽시다. 재판 이야기로 돌아가서,
　　　　　　춘향이가 '유죄'로 된 것은, '니 죄를 니가 알렷다'는 논리
　　　　　　에 따른 것이지요?

변사또　　그렇소. 가장 명쾌하고 자명하고 분명하고 확실한 논리요.
　　　　　　자신의 죄는 자기가 가장 잘 안다! 이거 말이지.

염라　　　그런 게 대체 무슨 논리요?

변사또　　'죄를 저지른 사람이니까 당연히 자기의 죄를 알 것이다.
　　　　　　그러니 유죄다', 어떻소? 명쾌하지?

염라　　　…어이가 없군. 재판이란 대체 무엇이요?

변사또	이 영감님이 날 무시하네. 나도 그 어려운 공무원 시험에 합격하고 사또가 된 사람이야! 요즘엔 매일 술 마시고 놀아서 많이 까먹었지만. 법정에 나온 사람이 '죄를 저질렀는지 아닌지'를 판단하는 게 재판 아니오! 그런 걸 내가 모르겠소?
염라	바로 그거요. 재판은 판단이지. 그런데, 그 판단을 내리기도 전에, 처음부터 그 사람이 죄를 저지른 사람이라고 단정 짓고, '니 죄를 니가 알렸다'고 몰아붙였소. 이것이 이치에 닿는 것이오?

구경꾼들이 옳소, 옳소 하며 웅성거렸다.

염라	재판에서는 모든 선입견을 버리고, 그 사람이 정말 죄를 지었는가를 판단해야 하는 것이오.
변사또	그러니까 그 사람이 죄를 저질렀는가는 본인이 가장 잘 알 것 아니오? 그래서 '니 죄를 니가 알렸다'고 물어본 거요.
염라	어떤 사람이 죄를 저질렀는가를 판단하는 데에는 누구나 납득할 수 있는 기준이 필요하오. 판사가 기분이 나쁘다고 유죄로 되어서는 안 될 것이고, 인상이 나쁘다고 '저 사람은 유죄일거야'라고 해서도 안 될 것이오.
변사또	…그래도 니 죄는 니가 알 거잖아.

염라	논리가 그것밖에 없소? 그리고 왜 또 반말이야!
변사또	…알겠소이다.
염라	모든 판단은 '증거'로 해야 되오. 증거가 있어야 유죄가 되고, 증거가 없으면 아무리 인상이 나쁘고 기분이 좋지 않다고 해도 무죄요. 이것이 바로 재판의 기본 중의 기본인 증거재판주의 원칙이오.
변사또	증거? 증거가 뭐야?
염라	또 반말을… 에라, 그래. 증거란, 어떤 사실을 증명할 수 있는 근거를 말하는 거다. 형사재판에서의 증거는 어떤 사람이 죄를 저질렀는지 확인할 수 있는 근거가 되지.
변사또	그게 어떤 건데?
염라	증거는 다양해. 범죄에 사용된 흉기 같은 물건일 수도 있고, 여러 가지 서류일 수도 있어. 현장을 목격한 증인의 말도 증거가 되고, 자신의 죄를 자백하는 것도 중요한 증거가 되지.
변사또	그래? 이방! 아까 춘향이가 죄를 자백하지 않았던가?
이방	사또께서 니 죄를 니가 알렷다, 하고는 재판을 끝내려 하셨지, 춘향이가 스스로 죄를 인정하지는 않았사옵니다.
변사또	으음.
염라	(저 신음소리는 내가 법정에서 자주 내던 소린데… 으음) 춘향이 재판에서는 죄를 증명할 증거가 나오지도 않았고, 증거를

내는 절차조차 없었다. 죄를 저지른 사람이 자기가 어떤 죄를 지었는지 아는 건 당연할 거다. 하지만 '니 죄를 니가 알기' 때문에 유죄라고 해 버리는 건, 증거도 없이 사또 마음대로 죄를 판단하고 벌을 주겠다는 말과 다르지 않다!

변사또   아, 알았다. 소리는 지르지 마라!

염라   여기서 한 번 더 조용히 정리해 주겠다. **재판에서 판단을 할 때는 판사 마음대로 하지 말고 증거에 따라라. 증거가 있으면 유죄고, 없으면 무죄다.** 간단한 이 원칙이 형사재판, 나아가 모든 재판의 기본 원칙인 **증거재판주의**다. 당신, 변사또의 재판은 증거재판주의라는 기본 중의 기본도 지키지 않은 엉터리다!

구경꾼들이 웅성거리고 수군대는 것이, 분위기가 완전히 염라왕 쪽으로 기울어 있었다. 말문이 막힌 변사또는 급히 손을 내저었다.

변사또   영감! 함부로 말하지 마라. 내가 아직 재판을 끝내지 않았잖아. 춘향이는… 증거가 없으므로 무죄!

구경꾼들은 짝짝짝 박수를 쳤다. 물론 변사또에게가 아니라 훌륭히 변론을 마친 염라왕과 억울하게 옥살이를 할 뻔한 어여쁜 춘향이를 향한 응원의 박수였다.

연옥계로 올라가는 지구철도999 안.

"…고맙네. 자네들이 아니었으면 그놈의 변사또라이한테 걸려서 큰 고생을 할 뻔했어. 게다가 감옥에 가둬 놓고는 '기저귀'라고 이름표를 붙이는 것 아닌가. 어찌나 화가 나던지… 아, 그리고 염라왕 자네가 그렇게 법률 실력이 뛰어난지도 처음 알았어."

"괜찮아. 나도 자네한테 놀랐어. 그런 정의감이 있을 줄이야."

"…어, 음. 흠. 내가 그래, 원래 정의감이 좀 있지. 재판을 보다 보니까 화가 나서 못 참겠더군."

하데스는 그 말을 끝으로 화장실에 간다며 일어서서 칸을 나갔다.

"하하, 저 친구. 정의감이 있다니까 부끄러워하기는. 귀여운 면이 있네."

"좀 민망하긴 할 겁니다."

"왜?"

"제 발로 나선 게 아니었으니까요."

"그럼?"

"제가 뒤에서 밀었습니다."

"으음."

이때 염라왕과 소크라테스가 탄 기차 칸 차량 문이 스르르 열리며 검은 코트를 입고 검은 털모자를 눌러쓴 금발의 여성이 들어섰다. 염라왕이 아는 얼굴이었다.

"앗, 메텔!"

염라왕은 지나가는 메텔을 불러 세웠다.

"메텔 양 아니시오."

"…알아보셨네요."

"유명한 분 아니오. 근데 왜 그 아름다운 얼굴을 가리고 다니시오?"

"그냥, 좀 숨기고 싶어서…."

"오호, 역시 신비의 여인이구려. 근데 이 열차엔 웬일이시오. 실은 지구에 내려갈 때도 보았었소."

"…휴. 조용히 갔다 오려고 했는데."

"궁금해서 그러오. 지구엔 무슨 일로?"

"애인을 만나고 오는 길이에요."

"애인! 부럽구려. 혹시 철이?"

"아니에요. 철이는 애잖아요. 제 애인은 잘생기고 능력도 있는 남자예요. 여자를 사귀어 본 적도 없는 순수한 남자구요. 그래서 반했죠."

"오오, 대체 그 행운의 남성은 누구요?"

"이몽룡이라고 해요."

"뭐시라!"

이태원 햄버거 가게 살인자는
이 중에 있다?

(합리적 의심 없는 증명)

"염라왕님, 왜 사무실로 절 부르셨습니까? 검사가 보면 또 자기만 빼놓았다고 울고불고 할 텐데."

"그래서 검사가 주변에 없는 걸 확인하고 불렀지. 안심하시오."

"무슨 일입니까?"

"지난번 남원에서 춘향이를 구해 낸 건 정말 보람 있는 일이었어."

"저도 마찬가지입니다."

"재판에서는 구해 냈지만 사랑에서는 구하지 못했어. 남자 친구 이 몽룡이라는 작자가 그런 인간일 줄이야…."

"어쩔 수 없지 않습니까. 그건 우리가 할 수 있는 일이 아니니까요."

"그래, 그래. 그건 그렇고, 근데 증거재판주의라고 내가 변론하고는 왔지만 혼자 생각하다 보니 궁금한 게 생겼어."

"궁금한 게 생긴다는 건 좋은 일입니다. 이해를 했다는 거니까요. 뭡니까?"

"증거가 하나만 있어도 유죄로 되는 것일까? 아니면 증거가 두 개이상 있어야 하는 걸까? 도대체 증거가 몇 개 정도 있어야 유죄로 되는 것일까?"

"흠. 좋은 질문입니다."

"흠. 좋은 답변을 해 주게."

"사실 이 부분은 조금 이론적인 설명이 필요한데… 이렇게 하시면 어떻겠습니까?"

"말해 보게."

"서울 이태원이란 곳에서 무서운 살인 사건이 일어났습니다. 이 사건 재판으로 가 보죠. 재판과 증거에 관해서 아주 중요한 원칙을 알 수 있는 사건입니다."

"또 여행인가. 늙은 몸으로 힘든데."

"이번엔 비행기로 가시죠."

"좌석이 너무 좁아서 비행기도 그리 탐탁지 않네."

"천국계에 특별히 부탁해서 '그분'의 전용기인 에어포스 원을 빌려 보도록 하겠습니다."

"에어포스 원! 좋아! 가 보세."

한국 서울의 법정.

소크라테스는 양복을 입고 법정 방청석에 조용히 앉아 있었다. 국제화 도시 서울이다 보니 코 큰 소크라테스가 와 있어도 예전 남원 고을처럼 소크라테스를 구경거리 보듯 하는 사람은 없었다. 그런데, 방청석 어디에도 염라왕은 없었다. 소크라테스는 염라왕이 있는 곳으로 걱정스런 눈길을 보냈다. 염라왕은 검사석에 서 있었다. 늙수그레한 얼굴이지만 풍채가 좋아 양복을 입고 법정에 서니 꽤 어울렸다.

"이번엔 검사로 한번 해 보시죠."

"검사로?"

"예. 그 편이 증거 재판을 이해하시는 데 도움이 될 것입니다."

"근데 내가 어떻게 검사로 들어가지?"

"제가 인간 세상에 있을 때 제자들이 좀 있었습니다. 지금은 각국에 퍼져 한국에도 많이 있고요. 법조계에서 일하는 제자를 통해 부탁해 보겠습니다."

이리하여 염라왕은 덜덜 떨리는 다리를 부여잡고 난생 처음 검사석에 서서 죄를 고발하고 입증하는 역할을 맡게 되었다.

판사　　염라 검사님. 사건을 설명하세요.

염라　　어떤 햄버거 가게 화장실에서 젊은 대학생 한 명이 칼에 찔려 죽었습니다. 그곳에는 '티라노'와 '사우루스' 단 두 사람이 있었습니다.

판사   외국인입니까?

염라   그렇소… 아니, 그렇습니다. 미국인입니다. 한국계 미국인.

판사   계속하세요.

염라   티라노와 사우루스 둘 중 한 사람이 대학생을 찌른 건 분명했소… 아니, 분명했습니다. 하지만 두 사람은 서로 상대방이 대학생을 찔렀다고 발뺌했습니다. 경찰은 수사한 끝에 티라노가 찌른 것으로 최종적으로 판단을 내렸습니다. 현명하신 판사님! 피고인 티라노를 살인죄로 처벌해 주십시오.

이때 변호사가 벌떡 일어서며 낭랑한 목소리로 말했다.

변호사   이의 있습니다. 증거가 있습니까?

염라   아니 저 변호사는!

호리호리한 몸에 갸름하고 지적인 얼굴. 염라왕도 얼굴만은 알고 있었다. 날카로운 변론으로 연옥에까지 이름이 알려진 '호연정'이라는 여자 변호사였다. 염라왕은 바짝 긴장해서 말했다.

염라   증거는 물론 있습니다. 내가 증거도 없이 피고인 티라노를 법정에 세웠을 것 같습니까! 날 뭘로 보고!

판사	염라 검사님. 그렇게 욱하실 것까진 없잖아요.
염라	아, 예.
변호사	염라 검사님, 그럼 증인 있습니까?
염라	증인은 없습니다. 화장실에서 아무도 없을 때 일어난 일이니까요.
변호사	그럼 흉기인 칼이 피고인 티라노의 것입니까?
염라	칼은… 사우루스의 것입니다. 하지만 칼이 원래 누구 거였는지는 중요하지 않습니다. 티라노가 사우루스의 칼을 들고 가서 찌른 겁니다.
변호사	그럼 무슨 증거가, 어디 있습니까?
염라	몇 가지 있습니다. 티라노는 당황한 나머지 처음부터 말이 횡설수설이었습니다.
변호사	또요?
염라	옷에 피가 묻어 있었습니다.
변호사	피는 사우루스의 옷에도 묻어 있었습니다. 또 다른 증거는요?
염라	칼이 찔린 걸 보면 위에서 아래 방향으로 나와 있습니다. 티라노는 피해자보다 키가 큽니다. 하지만 사우루스는 피해자보다 키가 작습니다. 이 흔적을 보면 둘 중 키 큰 티라노가 피해자를 찌른 것을 알 수 있습니다. 피해자보다 키가 컸으니까 칼에 찔린 방향이 위에서 아래로 난 것이죠.

변호사	피해자는 당시에 소변을 보고 있었습니다. 소변을 볼 때는 양 발을 벌리니까 키는 내려갑니다. 그렇다면 사우루스가 찔러도 위에서 아래로 칼자국이 날 수 있지 않겠습니까?
염라	으음… (이거 검사 일이 쉬운 게 아니구먼). 그렇다 하더라도 그런 사정들을 다 고려해 보면 티라노가 찔렀을 가능성이 더 높습니다!
변호사	사우루스가 칼로 찔렀을지 모른다는 증거도 있지 않습니까?
염라	지금은 피고인 티라노가 칼로 찔렀다는 증거를 이야기하는 겁니다.
변호사	그렇다면, 이런 이야기네요. 티라노가 찔렀다는 증거도 있지만, 사우루스가 찔렀다는 증거도 있다.
염라	…조금은요.
변호사	조금?
염라	사우루스가 찔렀다는 증거는 조금이라는 거죠. 경찰의 판단으로는 티라노가 찔렀다는 증거가 훨씬 많다는 것입니다.
변호사	피고인 티라노가 대학생을 찌른 것이 인정되면 티라노는 살인죄로 평생을 교도소에서 보내게 될지 모릅니다. 그 반대라면 물론 티라노는 무죄로 풀려나겠지요.
염라	반대라면 그렇지요. 하지만 사실은 반대가 아니오. 반대의

반대가 사실이오(가만, 이게 무슨 소리지?).

변호사   이처럼 재판 결과에 따라 티라노의 인생이 완전히 뒤바뀌게 됩니다. 재판은 신중하게 해야겠지요?

염라   누가 아니랍니까!

변호사   형사재판에서 어떤 사람을 유죄로 판결하려면 증거가 있어야 합니다. 증거도 없는데 판사 마음대로 '저 사람은 인상이 나빠'라든가 '왠지 저 사람이 했을 것 같아'라고 해서 벌을 내릴 수는 없습니다. 그것이 증거재판주의이지요?

염라   이 사람이! 그런 건 기본이지. 그리고 그건 내가 춘향이 재판 때 했던 변론이요!

변호사   예? 춘향이 재판? 그게 무슨 소립니까? 검사님이 나이가 있어 보이시기야 하지만 아무리 그래도 춘향이 시대에서 재판을 했단 말은 정상으로 들리지 않는데요?

판사   검사님. 그런 걸 억지 춘향이라고 합니다. 헛소리는 그만 하시고 재판에 집중해 주세요.

염라   끄응.

변호사   그런데 증거가 있다고 해서 곧바로 유죄가 되지는 않습니다. 유죄로 판단하기 위한 기준이 있습니다. **합리적 의심 없는 증명**이 있어야 유죄로 할 수 있다는 원칙이 바로 그것입니다.

염라   뭐라? 합리적 의심 없는 증명?

변호사	그렇습니다. 법은 악당을 벌하는 것을 좋아하는 만큼, 억울한 사람을 처벌하는 것을 끔찍하게 싫어합니다.
염라	알고 있소. 그래서 '열 명의 도둑을 놓치더라도 한 명의 억울한 사람을 만들어서는 안 된다'는 말이 있는 것 아닙니까.
변호사	맞습니다. '합리적 의심 없는 증명'은 바로 그런 일을 피하기 위한 원칙 중의 하나입니다.
염라	대체 그 합리적 의심 없는 증명이란 게 무어요?
변호사	합리적 의심 없는 증명이란, 이 정도면 그 사람이 죄를 저질렀다고 인정하는 데에 '상식적'으로 의문이 없다는 정도에 이른 상태를 말합니다. 반대로 말하면 '합리적'인, 즉 '그럴듯한 의문'이 든다면 유죄로 해서는 안 된다는 것입니다.
염라	그렇게 말해 봐도 막연하기만 하구려.
변호사	그런데 어째 아까부터 아주 옛날식 말투를 쓰시네요.
염라	(헉!) 내, 내가 언제 그랬니?
변호사	아무튼 그럼 실제 사건 이야기를 하나 들려드리겠습니다. 결혼을 앞둔 남자와 여자가 여행을 떠나 민박집에서 하룻밤을 묵었습니다. 아침까지 두 사람의 기척이 없는 것을 이상하게 생각한 민박집 주인이 방에 들어갔다가 여자의 시체를 발견하게 됩니다. 여자는 칼에 찔려 숨져 있었습니다.

	경찰은 남자를 체포했습니다.
염라	당연하겠지. 제일 의심스러운 사람 아니오.
변호사	그렇긴 합니다. 그런데 남자는 억울하다며 변명하기를, 자신은 잠을 자다가 새벽에 급한 연락을 받고 나갔을 뿐이며 그때 애인은 분명히 살아 있었다고 주장했습니다. 경찰은 남자를 믿지 않았습니다. 남자가 애인을 살해하고 새벽에 도망쳤다고 생각한 것이지요.
염라	오호라, 그래서?
변호사	그럼, 어떻게 판단해야 할까요?
염라	뭘 어쩌라고? 지금 나한테 묻는 거요?
변호사	그렇습니다. 실제로는 다른 증거와 주장들이 많았습니다만, 판단의 편의를 위해 여기에서 말한 사정만으로 결론을 내린다고 가정을 해 보죠.
염라	어디 보자… 남자가 여자와 같이 민박집에 묵었다가 아침에 남자는 사라지고 여자의 시체가 발견되었다면… 남자가 살인했다고 봐야겠지.
변호사	그건 저도 동의합니다. 이대로라면 남자가 살인을 했다고 유죄로 판단을 해도 이상하지 않겠지요. 하지만, 남자가 나간 뒤, 새벽에 수상한 남자가 민박집에 침입한 사실이 드러났습니다.
염라	그럼 진작 그 이야기를 했어야지! 숨겨 놓고 있다가 내가

답하고 나니깐 이제 와서 이야기를 하다니. 이런 일도 있었
지롱 하고 놀리는 거야, 뭐야!

변호사 …성질 몰라봐서 죄송합니다만 어쨌든, 이 수상한 남자가
여자를 살해했을 가능성도 있지 않을까요?

염라 없지는 않겠지. 확실한 건 아니지만 어차피 가능성이니깐.

변호사 그렇죠. 수상한 남자가 단지 신문 배달원이었을 수도 있고,
화장실이 급해서 들어왔을 수도 있겠습니다. 하지만 민박
집에 몰래 들어왔다면 어딘지 수상해 보이기도 합니다. 그
가 강도라면? 물건을 훔치러 들어왔다가 혼자 자는 여자를
살해했을 수도 있지 않을까요?

실제로 그랬는지 아닌지는 몰라도, 그런 의문이 드는 건 상
식적이고 합리적으로 보입니다. 수상한 남자가 누군지, 민
박집에 들어 온 후 어떤 행동을 했는지 밝혀내지 않으면 안
될 것 같습니다. 그렇지 않으면 의문을 완전히 덮어 버리기
는 어려워 보입니다.

염라 그렇게 의심을 하는 게 합리적이지… 앗, 내 말을 붙여 보
니 '합리적 의심'이란 말이 나왔다!

변호사 그게 바로 합리적 의심이라는 겁니다. 그래서 그 재판에서
판사님은 합리적 의심이 있기 때문에 남자를 무죄라고 판
결했습니다. 그 남자에 대한 살인죄 재판이 끝난 뒤에, 수
상한 남자가 드디어 붙들렸습니다. 그는 강도짓을 하러 민

박집에 들어갔다가 혼자 자고 있는 여자를 살해했다고 자백했습니다. 남자가 새벽에 급한 연락을 받고 나온 사이에 강도가 몰래 들어가 애인을 살해했을지도 모른다는 가능성이 사실로 드러난 것입니다.

염라　오오, 실제로 그런 일이… 그래도 진범인 강도가 잡혔으니 천만다행이구려.

변호사　만약, 진범인 강도가 잡히지 않았다면 어땠을까요?

염라　남자가 억울하게 벌을 받을 뻔했지.

변호사　하지만 다행히 무죄 판결을 받았죠. 바로 '합리적 의심 없는 증명' 원칙 덕분에요. 그 원칙이 없었다면, 남자는 꼼짝없이 애인을 죽인 살인자라는 누명을 뒤집어썼겠지요.

염라　살 떨리는 일이군.

변호사　그러니 강도가 잡히지 않았더라도 남자를 유죄로 해서는 안 되었던 것입니다. 그래야 억울한 사람이 생기지 않습니다. 그래서 합리적 의심 없는 증명을 요구하는 것입니다.

염라　….

변호사　다른 증거가 그럴듯하게 갖추어졌다 해도, '다른 사람이 범죄를 했을 가능성이 있지 않나?', '이 부분은 말이 안 되지 않나?', '상식적으로 설명이 안 되는데?' 하는 '의혹의 구멍'이 있다면 유죄로 할 수 없습니다. 이런 의문을 조용히 잠재울 수 있을 만한 증거가 있을 때 유죄로 판단할 수 있습니다.

염라 정리를 한다면? (이크, 연옥계에서 재판하던 때 버릇이….)

변호사 다른 말로 정리하면 바로 이거죠. '증거가 있으면 유죄'가 아니라 '증거가 **충분히** 있으면 유죄'입니다. 여기서 '충분히'라는 의미는 증거가 여러 개 있어야 한다는 뜻은 아닙니다. 증거가 한두 개밖에 없다고 해서 부족한 것도 아니고, 증거가 100개쯤 있다고 해서 충분한 것도 아닙니다. 죄를 지었다는 확실한 증거라면 한 개로도 충분하고, 분명치 않은 증거라면 100개라도 모자랍니다. 증거의 양보다는 증거의 질이 중요합니다.

염라 합리적 의심 없는 증명이라. 음….

판사 그럼 이 정도에서 판결을 내리겠습니다.

염라 벌써요? (하긴 할 말도 없다.)

판사 염라 검사님이 내신 증거는 다 살펴봤습니다. 혹시 더 내실 증거가 있습니까?

염라 …없습니다.

판사 그럼 선고하겠습니다. 피고인 티라노는 무죄.

염라 (아아… 머리를 망치로 맞은 것 같아… 내가 무죄를 내릴 때 연옥의 검사가 이런 기분이었겠군.)

판사 염라 검사님? 어디 편찮으십니까?

염라 아, 아뇨. 아무리 그래도 무죄는 너무합니다. 사람이 억울

	하게 죽었습니다! 그리고 티라노가 칼로 찔렀다는 증거가 있지 않습니까?
판사	그걸로는 부족합니다. 이 사건에서는 '합리적 의심 없는 증명'까지는 이르지 못했습니다. 티라노가 아니라 사우루스가 칼로 찔렀을 가능성이 있습니다. 그렇다면 티라노를 유죄로 처벌할 수는 없습니다. '합리적인 의심'이 생겼으니까요. 의문이 있는 만큼 억울한 사람이 생길 위험도 있습니다. 그래서 유죄로 할 수 없습니다.
염라	티라노가 칼로 찔렀다는 증거가 사우루스가 칼로 찔렀다는 증거보다 많습니다!
판사	그건 보기 나름이겠죠. 또 설사 그렇다고 하더라도, 그 이유만으로 티라노를 유죄로 할 수는 없습니다. 이 사건에서는 오로지 티라노를 기준으로 해서 범죄가 올바르게 증명되었는지를 판단해야 하는 거니까요.

소크라테스는 법정 문을 나서는 염라왕에게 다가갔다. 염라왕은 낙담해서 풀이 죽어 있었다.

"기운 내십시오. 무죄가 어쩔 수 없는 경우도 있습니다."

"호연정이라는 여자 변호사한테 완전히 KO돼 버렸어."

"그 변호사는 제 먼 제자 중의 한 명입니다. 워낙 뛰어났죠."

"자네와는 살던 시대가 다르지 않나."

"제 가르침을 대대로 이어 받은 거죠. 넓은 의미에서 변호사들은 모두 제 제자라고 할 수 있으니까."

소크라테스가 으스대며 말했다. 마침 호연정 변호사가 법정 문을 열고 나오고 있었다. 긴 팔에는 두툼한 서류 가방이 들려 있었다. 긴 다리로 성큼성큼 걸음을 옮기던 호연정 변호사는 법정에서 대결을 펼쳤던 염라왕을 보더니 가볍게 눈인사를 하고 복도를 지나쳤다.

"아니, 소크라테스 변호사. 호연정 변호사가 당신에게는 아는 척을 안 하지 않소?"

"…좀 먼 제자라서 그럴 겁니다."

"아무리 그래도 스승의 얼굴을 모르다니. 당신의 사진이라도 봤을 텐데… 아!"

"…."

"성형…!"

"닥치십시오. 어서 나가시죠."

염라왕은 재판 결과에 분개했다. 곰곰이 생각에 빠져 있던 염라왕은 무릎을 탁 쳤다.

"이 사건의 범인은 둘 중 하나야. 티라노 아니면 사우루스. 그런데 티라노가 범인이 아니라면, 사우루스가 범인이잖아!"

염라왕은 서둘러 사우루스를 체포했고, 얼마 후 사우루스에 대한 재판이 열렸다. 판사도 그때와 같았고, 변호사 또한 호연정이었다.

"잘됐군. 판사와 변호사 모두 사건 내용을 잘 알 테니 입 아프게 새로 설명할 필요는 없겠지."

소크라테스는 오늘도 방청석에 앉아 검사석에 선 염라왕을 걱정스런 눈빛으로 바라보았다.

판사	그럼, 염라 검사님. 말씀하세요.
염라	다 아시면서 왜 그러세요. 사우루스는 이태원 햄버거집 화장실에서 사람을 칼로 찔러 죽였습니다. 살인죄로 처벌하여 주십시오.
변호사	이의 있습니다.
염라	있겠죠. 뭡니까?
변호사	증거 있습니까?
염라	증거라면… 뭐 지난번과 비슷합니다.
변호사	목격한 증인은 있습니까?
염라	지난번과 비슷하다고 했잖아요. 화장실에서 일어난 일이라 아무도 본 사람은 없어요.
변호사	그럼 다른 증거는요?
염라	흉기인 칼이 사우루스의 것입니다.
변호사	칼이 누구의 것이냐는 중요하지 않습니다. 같이 있던 티라노가 그 칼을 들고 가서 찌를 수 있는 거니까요.
염라	그건 지난번에 내가 했던 말이잖소!

변호사	예. 그런데 티라노에 대한 재판이었죠.
염라	젠장… 증거는 또 있습니다. 사우루스의 옷에 피가 묻었습니다.
변호사	티라노의 옷에도 피가 묻어 있었죠.
염라	(이거야, 원… 지난번 재판과 똑같잖아. 검사와 변호사의 말만 바뀌었네.)
변호사	증거가 부족한 것 같은데요.
염라	부족하지 않습니다!
판사	염라 검사님, 왜 또 불뚝 성질을 부리십니까. 증거를 내놓으시면 될 걸.
염라	무엇보다 확실한 건 이겁니다! 분명히 범인은 티라노 아니면 사우루스입니다. 그런데 티라노가 무죄 판결을 받았습니다. 그러면 범인은 자연스럽게 사우루스가 됩니다.
변호사	답은 티라노 아니면 사우루스다. 그런데 티라노가 답이 아니라면 남은 사우루스가 답이다. 이거네요?
염라	말하면 입만 아플 뿐이요.
변호사	혹시 티라노 사우루스가 범인이 아닐까요?
판사	변호사님. 공룡을 범인이라고 하실 작정입니까?
변호사	죄송합니다.
염라	변호사가 논리가 막힌 모양입니다. 핫핫핫.
변호사	단순하게 말해 보겠습니다. 답은 둘 중에 하난데, 하나가

아니라면 다른 하나가 답이다. 물론 맞는 이야기입니다.

염라 그, 그렇지요? 내 말 맞지요?

변호사 맞습니다. 수학으로는요.

염라 뭐요?

변호사 그건 수학에서의 이야기고요. 법에서는 다릅니다. 티라노에 대해서 합리적인 의심 없는 증명이 있어야 하는 것과 마찬가지로, 사우루스에 대해서도 역시 합리적 의심 없는 증명이 있어야 합니다.

염라 그, 그런….

변호사 틀립니까? 사우루스의 재판에서 티라노의 재판에서와 다르게 취급해야 할 이유가 있습니까?

염라 사, 사우루스가 범행을 했다는 증거가 더 많다고 생각합니다!

변호사 증거가 좀 더 많다고 하더라도, 합리적 의심 없는 증명에까지 이르지 못했으면 사우루스 또한 무죄가 됩니다. 이 사건에서도 역시 그 정도까지의 증거는 없습니다.

염라 그래서 사우루스를 풀어 주자는 얘기요?

변호사 무죄라면 풀려나야겠죠?

염라 뭐시라! 무슨 법이 이렇소! 그렇게 되면 둘 중 한 명이 사람을 죽인 건 분명한데 아무도 처벌을 안 받게 되는 것 아니오!

변호사 그렇습니다. 둘 중 한 사람이 칼로 찌른 것은 분명한데, 둘
       다 벌할 수 없는 이상한 결과가 생길 수도 있습니다. 하지
       만 도리가 없습니다. 어느 쪽의 증거도 '합리적 의심'을 덮
       을 만큼 안 된다면 말이죠. 억울한 사람은 만들지 말아야
       하니까요.

염라   아무리 그래도….

변호사 그럼 이렇게 생각해 보시죠. 범인이 둘 중의 하나이니 맞을
       확률이 50퍼센트입니다. 그렇지요?

염라   그렇죠.

변호사 그렇다면 틀릴 확률도 50퍼센트입니다.

염라   ….

변호사 그건 억울하게 처벌을 받게 될 확률이 50퍼센트라는 이야
       기입니다.

염라   황당하군. 두 사람의 확률을 합하면 분명 100퍼센트
       인데….

변호사 수학의 결론과 법의 결론은 다릅니다. 법의 결론이 상식적
       으로 받아들이기 어려운 경우도 있습니다. 하지만 대충 증
       거가 몇 개 있다고 하여 반드시 유죄로 되지는 않습니다.
       그렇지 않을 수도 있다는 의문이 들고, 그 의문이 상식적으
       로 생각해 보아 그럴듯하다면 유죄 판결을 내려서는 안 됩
       니다. 이 사건에서는 다른 사람이 범행을 했을 수도 있다는

의심이 절반은 드니까….

염라	자, 잠깐!
판사	왜 그러십니까?
염라	사우루스에 대한 재판을 다음으로 연기해 주십시오.
판사	이유는요?
염라	좀 더 조사를 해 보겠습니다.
판사	그러지요. 워낙 중대한 사건이니.

염라왕은 서류를 급하게 챙긴 뒤 법정을 도망치듯 후다닥 빠져나왔다.

"왜 그러셨습니까?"

"난 손 뗄 거야. 경찰들한테 사우루스에 대해서 더 수사해서 확실한 증거를 찾도록 부탁해야지. 그래서 재판은 미뤄 놓고 나왔어."

"그러셨군요."

"죽은 사람이 너무 안 됐어."

"그 마음을 이해합니다."

"증거가 부족할 때 법으로는 어쩔 수 없다는 것. 논리는 맞지만 도무지 이대로는 맘이 안 내켜."

"저도 같은 생각입니다. 이번에 합리적 의심 없는 증명이라는 중요한 원칙은 배우셨겠지만, 그런 원칙만 내세워서 손 놓고 있다면 그건 게으른 거겠죠. 다들 이 사건에서는 좀 더 자기 일처럼 열심히 해 줬으면 좋겠습니다."

"재판이란 게 이렇게 어려울 줄이야…."

마녀재판이 불법인
결정적 이유는?

(위법한 수사로 얻은 증거)

"아니, 왜 또 사무실로 부르셨습니까? 욱 검사님이 보면 어떡하려고?"

"욱 검사는 아마 어딘가 멀리 있을걸."

"그럼 안심하고 말씀을 듣겠습니다. 무슨 일로…."

이때 문이 벌컥 열리며 욱 검사가 분기탱천한 모습으로 들어왔다.

"앗! 욱 검사!"

"내 이럴 줄 알았지! 두 분 또 여기서 뭐하시는 겁니까?"

"아, 아니. 소크라테스 변호사가 지나가다 화장실이 급하다길래…."

"소크라테스 변호사는 사무실 안에서 오줌 눕니까?"

"그, 그건 아니고…."

"다 알고 있습니다! 저 빼놓고 두 분만 쏙 여행 다녀오신 거요. 이거 너무한 거 아닙니까! 재판이 얼마나 밀려 있는데, 다 뒤로 미뤄 놓고서!"

"여보시오, 욱 검사. 놀러 갔다 온 게 아니오. 연구차…."

"됐습니다!"

욱 검사는 염라왕의 말을 끝까지 듣지도 않고 나가며 문을 쾅 닫아 버렸다. 그 충격에 벽에 걸려 있던 염라왕의 젊은 시절 사진 액자가 바닥에 퉁 하고 떨어졌다.

"성질 하고는…."

"하필 이때 들어와서…."

"에이, 이거 나도 기분이 매우 좋지 않구먼. 할 수 없지. 하던 얘기나 계속하지."

"하던 얘기가 있었나요?"

"…."

"…."

"으음. 이태원 살인 사건에서 범인을 처벌할 수 없었던 건 뭐니뭐니 해도 결국 증거가 부족했기 때문 아닌가."

"맞습니다. '합리적 의심 없는 증명'을 할 만큼의 증거가 없었죠."

"내가 나름대로 연구를 해 보았네. 범인을 처벌할 수 없을까, 하고. 난 개인적으로 사우루스를 범인으로 생각하고 있거든(여기서 개인적 판단이란 점을 강조하고 싶네). 근데 사우루스에 대해서 자잘한 증거가 있었지만 사실 좀 부족하긴 하잖아. 그래서 말인데. 사우루스가 만약 '내가 했다!'라고 자백을 한다면 어떨까?"

"그러면 아무런 문제가 없겠죠. 좀 오래된 말이긴 하지만 '자백은 증거의 왕'이라는 말도 있고. 본인이 했다고 인정만 한다면야 그게 유력한 증거로 되고, 나머지 자잘한 증거하고 합쳐져서 사우루스는 유죄로 되겠죠."

"그렇다면 약간의 힘을 동원하면 어떨까?"

"힘이라면?"

"종아리라도 몇 대 때리면서 겁주면 어떨까? 아니면 잠을 좀 적게 재운다든가."

"쉽게 말해서 '고문' 말입니까?"

"고문이라고 하니까 어감이 좀 좋지 않네… 고문까지는 아니고, 약간 겁을 주자는 거지. 이 사건에서 학생이 너무나 억울한 죽음을 당했잖은가. 어차피 티라노 아니면 사우루스 둘 중의 하나가 범인이야. 몇대 쥐어박아서 범인을 밝혀내는 게 맞지 않을까? 그래서 사우루스로 하여금 자백을 하게 하는 거지. 살인죄로 정당한 처벌을 받도록."

소크라테스는 휴우 하며 크게 한숨을 쉬었다.

"왜 그러나?"

"염라왕님이 피해자를 안타까워하시는 마음은 잘 압니다. 하지만 아직도 예전 미란다 재판에서와 같은 말씀을 하시는 걸 보니 참 안타깝습니다. 아무래도 염라왕님은 절차가 얼마나 중요한지 아직 깨닫지 못하고 계신 것 같습니다."

"이 사람아. 거 말이 너무 심한 거 아닌가."

"그럼, 잠시 저하고 어떤 재판을 구경하러 가 보실까요?"

"엉? 또 여행을?"

"그렇습니다. 직접 눈으로 보고 느껴야 깨달으실 테니까요. 이번 여행은 짧을 겁니다. 반나절 소풍 가듯이 간편하게 준비하십시오."

"간편한 건 둘째 치고, 욱 검사 모르게 조용히 다녀오세."

"예. 비밀리에 준비하겠습니다."

"근데, 이번에는 뭘 타고 가나? 또 에어포스 원?"

"이제는 안 될 겁니다. 지난번에 탔을 때 염라왕님이 의자에 낙서해 놓은 게 들통 나서."

"그래? 이상하다. 내가 쓴 건지 어떻게 알았지?"

"뭐라고 쓰셨는데요?"

"굶었니?, 라고."

"…"

...

염라왕과 소크라테스는 지구행 비행기 이코노미석에 비좁게 앉았다. 뚱뚱한 염라왕은 좌석에 거의 끼다시피했다.

"정말 불편하구먼."

"조금만 참으십시오. 창밖 경치나 구경하시면서…."

"앗! 수그려라!"

"헛, 왜요?"

소크라테스는 놀란 나머지 일단 고개를 숙였다. 잠시 후 고개를 살 포시 들어 비행기 창밖을 내다보니 자동차가 나란히 달리고 있었다. 거 칠게 내달리는 승용차의 운전석에는 욱 검사가 핸들을 꽉 거머쥐고 앉 아 있었다. 화가 이만저만 난 모습이 아니었다.

"욱 검사가 분노의 드라이빙을 하고 있는데요."

"으음. 저 차는 그 비싸다는 롤스라이스…. 욱 검사가 아무래도 우리 끼리 또 여행을 떠난 걸 눈치 챈 모양이야. 그래서 화가 나 자동차를 몰 고 따라오고 있는 거야."

"아무래도 눈에 안 띄게 조심해야겠습니다."

시공간 여행을 마치고 소크라테스의 안내에 따라 염라왕이 도착한 곳은 음산한 분위기가 감도는 마을의 법정이었다. 가운데 판사 자리 뒤 편에는 검은 장막이 씌워져 있고, 커다란 나무가 우뚝 솟아 있었다. 양 옆에는 큰 화로에서 불이 활활 타오르고 있었다. 판사는 검은 옷을 입 고 높은 곳에 앉아 피고인을 위협하듯 내려다보고 있었다.

"혹시 욱 검사 없는지 잘 둘러보게."

"제가 확인했습니다. 없습니다."

"여긴 으스스하군. 마치 지옥에서 근무하던 때가 떠올라. 여긴 어 딘가?"

"스페인입니다. 저도 사실 처음 와 봅니다. 제가 살던 시절에 스페인

쪽은 완전 시골이라⋯."

"그리스 출신이라고 뻐기는 건가?"

"그, 그럴리가요?"

"근데 스페인 하면 뜨거운 태양과 열정적인 투우, 이런 것들이 생각 나는데?"

"지금은 중세 시대입니다. 여긴 종교 재판의 현장이죠."

"종교 재판?"

"다른 이름으로는 마녀재판으로 불리기도 합니다."

"마녀라고? 그럼 저 피고인석에 앉은 여자들이 마녀란 말이야? 으 윽. 어쩐지 무섭더라. 재판 구경도 좋지만 어서 돌아가세."

소크라테스는 뒤돌아가려는 염라왕의 옷자락을 잡았다.

"조금만 더 보세요."

"그래도 싫어⋯."

"쉿!"

이제 막 높은 법대 위에서 검은 옷을 입은 판사가 말을 시작하고 있 었다.

검은 판사   요즘 악마의 사주를 받은 마녀와 마법사들이 사회를 어지 럽히고 있다. 그래서 마녀로 의심되는 사람들을 모두 잡아 왔다. 지금부터 그대들에 대한 재판을 시작하겠다.

늙은 여자   전 마녀가 아닙니다. 전 그냥 점성술사입니다.

젊은 여자   저도 마녀가 아니에요. 전 그냥 떠돌아다니는 집시에요.

예쁜 여자   저도 아니에요. 무서운 사람들이 오더니 남들보다 예쁘다는 이유로 다짜고짜 잡아 왔어요.

똑똑한 여자   저도 아니에요. 시장에서 물건 값을 따지고 있으니까 남들보다 똑똑하다는 이유로 무작정 잡아 온 거예요.

검은 판사   조용! 마녀인지 아닌지는 내가 판단한다!

염라왕은 소크라테스에게 속삭였다.

염라   여자들 말이 맞다면 이거 말도 안 되는데.

검은 판사   뒤에 늙은이! 조용히 하시오!

염라왕은 울컥했지만 주위를 둘러보니 무서운 인상을 한 사람들이 한결같이 염라왕을 못마땅한 눈으로 쏘아보고 있었다. 주눅이 든 염라왕은 아무 소리도 못하고 시선을 피했다.

검은 판사   우선 저 늙은 여자를 매질하라!

사람들이 달려들어 곧 늙은 여자를 매질하기 시작했다.

검은 판사   어서 불어라! 마녀가 맞지?

늙은 여자	제발 그만 때리세요. 예. 전 마녀입니다. 마녀가 맞습니다.
검은 판사	(의기양양하게 웃으며) 저 마녀를 처형하라!
염라	엉? 뭐 저런….
검은 판사	그럼 다음 여자를 다시 매질하라!

사람들이 달려들어 젊은 여자를 매질하기 시작했다.

검은 판사	어떠냐? 이제 마녀라는 사실을 자백하겠느냐?
젊은 여자	아무리 때려 봐라. 난 마녀가 아니야!
검은 판사	저렇게 매를 맞고도 마녀가 아니라고 하니 보통 인간일 리가 없다. 역시 마녀가 맞다. 저 마녀도 처형하라! 다음!
염라	아니, 무슨 이런 말도 안 되는 재판이…!
검은 판사	뒤에 떠드는 사람 누구냐? 아까 그 늙은이 아니냐!
염라	이거 너무하지 않소.
검은 판사	마녀를 편드는 사람 역시 마녀다. 당신도 혼나고 싶나?

염라왕 주변에 어느샌가 흉흉한 눈빛을 한 사람들이 나타나 금방이라도 달려들 듯이 노려보고 있었다.

염라	아, 아닙니다. 혼잣말이었습니다.
검은 판사	한 번만 더 시끄럽게 하면 가만 안 두겠다. 다음 여자 둘은

물에 빠트려라!

검은 판사는 곧이어 다음 차례 여자에 대해 재판을 시작했다. 사람들이 달려들어 예쁜 여자와 똑똑한 여자를 물에 빠트리기 위해 억지로 데리고 갔다.

염라	저, 검은 판사님. 방해할 생각은 없습니다만, 재판하시다 말고 여자를 물에는 왜 빠트립니까?
검은 판사	바보 같은 질문이다. 물에 빠트려 보면 마녀인지 알 수 있기 때문이다.
염라	어떻게요?
검은 판사	물에 떠오르면 마녀다. 가라앉으면 무죄다.
염라	가라앉으면… 죽는 거 아닙니까?
검은 판사	당연하다. 사람은 물고기가 아니니까.
염라	그럼 어떻게 해도 죽지 않습니까. 가라앉으면 그대로 죽는 거고, 떠올라도 마녀라서 처형당하고….
검은 판사	지금 내 신성한 재판을 모욕하는 것이냐!
염라	아, 아닙니다. 그럴 리가요.

검은 판사는 의심스럽다는 듯 쳐다보았고, 염라왕은 황급히 그 자리를 빠져나왔다.

연옥계로 돌아가는 비행기의 이코노미석.

염라왕은 불편해 보였다. 비좁은 좌석 때문은 아니었다. 마녀재판을 보고 난 뒤 마음이 무거웠던 탓이다. 나란히 앉은 소크라테스가 말했다.

"중세의 마녀재판을 보신 소감이 어떻습니까?"

"무리를 해서라도 자백만 얻어 내면 된다는 생각이 얼마나 위험한 건지, 정말 뼈저리게 느꼈어."

"중세에 이런 식의 마녀재판으로 죽은 사람이 몇 만 명이나 된다고 합니다."

"으음."

"자백이란 건 자기가 범죄를 저질렀다고 스스로 인정하는 말이죠. 그러니 증거로서는 가장 확실해 보입니다. 그런 탓에 이런 옛날에 자백은 '증거의 왕'이라고 불렸습니다. '본인이 인정하는 데야 뭐 사실이겠지' 하고 쉽게 생각했던 것입니다. 그러다 보니 부작용이 컸습니다.

자백만 얻어 내면 사건이 해결되니 무리를 하게 되는 겁니다. '고문을 해서라도 자백만 얻으면 된다'라는 잘못된 생각에서, 때리거나 잠을 안 재우거나 하면서 자백하라고 윽박질렀습니다. 그러다 보니 죄 없는 사람도 당장의 괴로움을 피하기 위해 할 수 없이 자백했습니다. 그래 놓고는 재판에서 '자백이 증거의 왕이다'라며 '어쨌든 당신이 자백했으니 유죄'라는 판결을 내렸습니다.

억울한 노릇입니다. 그런 재판의 가장 안 좋은 예가 금방 보신 마녀

240

재판입니다. 나중에야 사람들도 정신을 차리고 이래서는 안 되겠다고 반성했지요. 그래서 자백을 얻기 위해 사람을 고문하는 것을 법으로 금지했습니다."

"진작 그랬어야지!"

"하지만 법으로 금지한다고 해서 당장 지켜지지는 않았습니다. 자백만 얻어 내면 사건이 쉽게 풀리니 여전히 그 유혹을 이기기 어려웠던 것이지요. 그래서 원칙을 만들었습니다. '강요된 자백은 무효다'라는 원칙입니다. 고문에 못 이겨 자백을 했더라도 무효란 겁니다."

"그 원칙에 그런 배경이 있었을 줄이야."

"예. 이러한 원칙을 두어서, 사람을 고문해서 얻은 자백을 재판에서 아예 증거로 쓸 수 없도록 못 박은 것입니다. 이건 효과가 있었습니다. 고문해서 자백을 얻어 보아야 증거로 인정받지 못하니 고문할 이유가 없어진 거지요. 고문은 점차 줄었습니다. 그러던 끝에…."

"그러던 끝에?"

"이 방법을 자백을 강요하는 일에만 한정할 게 아니라 수사 전체에 걸친 원칙으로 만들면 어떨까? 하고 드디어 생각하게 된 겁니다. '자백뿐 아니라, 수사 전체에 걸친 원칙으로 만들자!' 그래서 **위법한 수사로 얻은 증거는 증거로 쓸 수 없다**는 원칙으로 발전하게 됩니다. 줄여서 **위법수집증거 배제의 법칙**이라고 합니다만 뭐 용어는 중요한 게 아니고요.

아무튼, 자백을 받아낼 때뿐만 아니라 다른 수사를 할 때도 언제나

법에서 정한 절차에 따르도록 했습니다. 고문은 당연히 안 되고, 판사가 발부한 영장 없이 함부로 몸을 뒤지거나 증거물을 압수해서도 안 됩니다. 그러지 않으면 불법적인 수사를 해서 얻은 증거라고 해서 재판에서 증거로 쓸 수 없게끔 했습니다.”

“앗, 그건 미란다 재판에서 나온 이야기하고 같잖아!”

“그렇습니다. 이미 이야기했지요? 위법하게 수집한 증거는 증거로 쓸 수 없다. 절차를 어긴 수사로 얻은 증거는 무효다. 미란다 원칙도 결국 이 원칙에 포함되는 것입니다.”

“마녀재판과 미란다 재판이 이렇게 연결이 되는군. 어쨌든 많은 이야기를 여러 번에 걸쳐 들으니 좀 헷갈리는데. 정리를 좀 해 주게.”

“이 이야기들은 결국 한 마디로 정리할 수 있습니다. 증거는 깨끗해야 한다. 절차를 어겨서 얻어 낸 증거는 무효다.”

“청소를 하려거든 깨끗한 손으로 해라, 이런 말이 생각나는군.”

“그렇습니다. ‘오염된’ 증거로라도 나쁜 놈은 처벌해야 한다는 생각은 법에서는 통하지 않습니다. 나쁜 놈을 놓치더라도 ‘오염된’ 증거는 쓰면 안 된다는 것입니다.”

“알겠네. 사우루스 재판에서도 마찬가지겠군. 두드려 팬다는 생각은 없던 걸로 하겠어.”

두 사람이 앉은 의자 뒤에서 한숨 소리가 자그맣게 들렸다. 염라왕과 소크라테스가 뒤돌아보니 긴 머리로 얼굴을 절반쯤 가린 남자가 시무룩하게 앉아 있었다. 익숙한 얼굴이었다.

"아니, 당신은 욱 검사! 헉!"

"욱 검사님. 우, 우리는…."

"놀랄 필요 없습니다. 제가 오해했습니다. 두 분이 놀러 다니는 줄 알았더니 재판 연구를 하러 가셨더군요."

"우리 뒤를 따라온 거 맞지?"

"두 분이 짐을 챙겨서 어딜 가길래 급히 뒤따라갔습니다."

"아니 근데, 스페인에 갈 때는 자동차를 몰고 가지 않았나?"

"절 보셨군요. 맞습니다. 급히 출발하느라 예약도 안 되고 해서 제 차를 몰고 갔습니다."

"사람 성질하고는 참."

"스페인으로 가시길래 지중해 해변이라도 놀러 가시는 줄 알았더니 마녀재판을 구경 가셨더군요. 일종의 체험 학습을 가신 거겠죠."

"오해가 풀려 다행이구려. 근데 욱 검사 차는 어떻게 하고 이 비행기를 탔소?"

"스페인에 놔두고 왔습니다."

"왜?"

"달릴 수 없게 되었거든요."

"사고라도 있었소?"

"실은 아까 마녀재판을 숨어서 보았는데요, 나중에 무시무시한 남자들이 여자 둘을 연못으로 끌고 갔지 않습니까. 검은 판사가 물에 빠트리라고 명령해서."

"그랬지. 물에 가라앉으면 죽는 거고, 뜨면 마녀라고 했지."

"그 사람들을 따라갔습니다."

"혹시… 설마… 그 사람들을 차로 치려고?"

"아, 아뇨. 저도 그 사람들이 무서워서 그렇게까지는…."

"그럼 가다가 사고가 난 거요?"

"바퀴를 두 개 뺐습니다."

"엉?"

"연못에 던졌어요. 여자들이 물에 빠졌을 때 바퀴에 든 공기를 마시도록."

"욱 검사…."

"욱 검사님…."

"익! 다가오지 마세요! 징그럽게 왜!"

말 도둑 '포카 말타스'와
'쓰렉'의 유무죄를 가른 기준은?

(함정수사)

염라   오랜만에 연옥에서 재판을 하는군.

검사   예. 오랜만입니다.

    염라왕이 피고인석을 보니 예쁘장한 여자가 고개를 푹 숙이고 있었고, 그 옆에 근육질의 남자가 미간에 주름을 잔뜩 잡은 채 고개를 뻣뻣이 들고 있었다.

염라   오늘 피고인들은 누구요?

검사   피고인 두 사람 모두 도둑입니다. 남자는 '쓰렉'이고 여자는 '포카 말타스'입니다.

염라	이름이 괴상망측하구려.
검사	피고인들은 나름대로 이름난 집안 출신이라고 주장하고 있습니다.
쓰렉	(고개를 번쩍 쳐들고) 내 형님이 슈렉이요.
포카 말타스	제 언니는 포카 혼타스고, 동생은 포카 칩스에요.
염라	…검사가 수고가 많았소. 그 잡기 힘들다는 도둑을 둘이나 잡았구려. 그것도 명문가 자제들을.
검사	다 방법이 있지요.
염라	어디 설명해 보시오.
검사	서부 시대 OK 목장에서 자꾸만 말을 도둑맞았습니다. 그런데 이 말 도둑이 어찌나 교묘한지 도무지 잡을 수가 없는 겁니다. 다행히 마을의 보안관이 아주 뛰어난 사람이었습니다. 그 보안관은 말 도둑에게 덫을 놓았지요.
염라	어떤 덫을? 설마 쥐덫?
검사	한동안 재판을 쉬시더니 많이 썰렁해지셨습니다.
염라	흠흠. 내 말은 무시하고 말해 보시오.
검사	피고인들은 보안관의 함정에 걸려 현장에서 체포되었습니다. 범죄 행위는 더없이 분명합니다. 피고인들을 처벌해 주십시오.
염라	소크라테스 변호사. 어떻소? 아무래도 이번 건은 변론할 방법이 없겠지요? 도둑질을 한 게 분명하니.

소크라테스 그래 보입니다….

염라 그럼 선고하겠소. 피고인 쓰렉은….

소크라테스 …만.

염라 엉?

소크라테스 실은 그렇지 않다고 말씀을 드리려 했는데요.

염라 음음. 알았소. 말해 보시오(왜 이렇게 말이 느려!).

소크라테스 결론을 내리기 전에 한 가지 확인해 보고 싶은 게 있습니다.

염라 무엇이오?

소크라테스 피고인들을 체포한 보안관을 증인으로 불러 보고 싶습니다.

검사 쓸데없이 재판 자꾸 끌 겁니까? 보안관을 부른다고 피고인들이 저지른 도둑질이 없어집니까?

소크라테스 도둑을 잡은 방법에 대해서 확인해 보고 싶어서 그럽니다.

검사 중요한 건 도둑을 잡은 방법이 아니라 이들이 도둑질을 했다는 것입니다.

소크라테스 그렇긴 합니다만 그래도 피고인들에게 기회는 줘야 되지 않습니까.

염라 그럽시다. 마지막 저승길… 아니 여긴 이미 저승이니 지옥계 감옥에 갈 판국인데 피고인들한테 기회를 줍시다. 증인을 채택하겠소.

소크라테스 검사님, 그럼 그 보안관을 법정에 좀 불러 주시죠.

검사 ···쳇. 그러지요.

검사는 법정 밖에 대기하고 있던 수사관에게 연락을 했고, 잠시 후 법정 문이 열리며 카우보이모자에 권총을 찬 남자가 걸어 들어왔다. 꽉 다문 입과 눈빛이 강렬했다.

검사 이 분이 피고인들을 체포한 보안관입니다. 어려운 사건들을 해결한 유능한 분이죠. 증인은 이름을 밝혀 주십시오.

보안관 와이어트 어프라고 합니다.

염라 와이어트 어프 씨라··· 그런데 법정에 총은 왜 차고 왔습니까?

보안관 죄송합니다. 툼스톤에서 큰 대결을 앞두고 있어서 항상 옆에 두고 있는 게 습관이 됐습니다.

와이어트 어프는 허리춤에서 총을 꺼내 증인석에 턱 하니 올려놓았다.

염라 아, 아니오, 총은 다시 넣으셔도 좋소.

소크라테스 증인에게 제가 한 가지만 물어보겠습니다.

보안관 뭡니까?

소크라테스 피고인들을 체포한 방법을 좀 말해 주십시오.

보안관 두 가지 방법을 썼습니다. 우선, OK 목장 뒤 으슥한 곳에 말 한 마리를 세워 놓고 주변에 숨어 있었습니다. 얼마 뒤 한 여자, 그러니까 저기 피고인 포카 말타스죠. 저 여자가 나타나 주위 눈치를 휘휘 둘러보더니 "말 탔어!" 하면서 말을 타고 가려 했습니다. 그때 제가 나가서 포카 말타스를 체포했습니다.

소크라테스 음.

염라 소크라테스 변호사, 왜 표정이 어두워지셨소?

소크라테스 아닙니다….

검사 증언을 시켜 봤자 도둑질만 명백히 드러나니까 그런 모양입니다. 하하하.

소크라테스 …그럼 피고인 쓰렉은요?

보안관 OK 목장 주변을 어슬렁거리는 불량해 보이는 남자를 불렀습니다. 물론 저놈 쓰렉이죠. '말을 훔쳐 오면 돈을 주겠다'고 했습니다. 쓰렉은 시키는 대로 어디선가 말을 훔쳐 오더군요, 그때 제가 쓰렉을 체포했습니다.

염라 흠. 영화에서도 많이 본 것 같소. 경찰인 줄 모르고 거래하려는 순간 손목에 수갑을 탁 채우는 그런 거.

소크라테스 증언하느라 수고하셨습니다. 보안관께서는 가셔도 좋습니다.

와이어트 어프는 일어서서 뚜벅뚜벅 법정을 걸어 나갔다.

염라   엉? 소크라테스 변호사, 표정이 밝아졌소!

소크라테스   그렇습니까? 하하하.

검사   오늘 변호사님이 좀 이상하시네요.

염라   내가 보기엔 둘 다 이상하오.

검사   …아무튼 와이어트 어프 보안관의 증언에서 피고인들이 도둑질을 한 게 더 분명해졌습니다. 피고인들을 처벌해 주십시오.

소크라테스   잠깐만.

검사   저 소리 지겨워.

염라   나도 솔직히 지겹소. 도둑이 분명한데 뭐 할 말이 있다는 거요?

소크라테스   이건 함정수사입니다. 함정, 그러니까 '덫'을 놓아 범인을 잡는 수사 방법입니다.

검사   맞습니다. 그래서 무슨 문제라도 있습니까?

소크라테스   있지요. 피고인 포카 말타스는 유죄지만, 피고인 쓰렉은 무죄입니다.

검사   말도 안 됩니다! 둘 다 말을 훔쳤는데 어째서 한 명은 유죄고 한 명은 무죄입니까?

염라   나도 잘 이해가 안 되는군. 소크라테스 변호사, 이번 건 좀

250

무리수 아니오?

소크라테스 그렇지 않습니다. 설명을 하겠습니다. 함정을 파는 두 가지 방법이 법으로는 큰 차이가 있습니다.

염라 대체 뭔 차이가 있다는 건지… 아무튼 계속 말해 보시오.

소크라테스 함정수사는 두 가지 종류로 나눌 수 있습니다. 기회만 주는 것과, 동기를 주는 것입니다.

염라 전문 용어 쓰지 말고 쉽게 쉽게 갑시다.

소크라테스 전문 용어는 아니고 그냥 내용을 좀 줄인 말로서….

염라 쉽게!

소크라테스 …예. 먼저 기회를 주는 종류, 이건 이런 겁니다. 원래 범죄를 저지르려고 호시탐탐 기회를 엿보고 있는 사람이 있습니다. 경찰이 그 사람에게 '기회'를 줍니다. 그리고 그 사람이 범죄를 저지르는 순간 탁 나타나서 체포합니다. 이건 허용됩니다.

염라 어차피 범죄를 하려고 마음먹고 있었으니까 크게 문제될 거 없다, 이런 거로군.

소크라테스 그렇죠. 두 번째는 이런 겁니다. 이 사람은 딱히 범죄를 저지르려는 생각이 없었습니다. 그런데 경찰이 '범죄를 한 번 해 봐'라면서 부추깁니다. 그 말에 넘어가 범죄를 저지르는 순간 경찰이 나타나서 체포합니다. 이건 허용되지 않습니다.

염라	말하자면 범죄를 저지를 생각이 없는 사람한테, 해 봐, 해 봐 하면서 유인한 거로군. 그런 건 안 되겠지. 너무 치사하잖아.
소크라테스	그렇죠.
염라	근데 함정수사가 실제로 이용되기는 하오?
소크라테스	흔합니다. 함정수사는 마약 거래를 단속할 때 자주 이용됩니다.
염라	그래, 맞아! 영화에서 많이 봤어.
소크라테스	경찰이 마약 범죄자에게 접근해서 마약 거래를 하자고 꼬드기죠. 마약범이 마약을 건네주면 그때 수갑을 채웁니다.
염라	그런 건 합법이겠지?
소크라테스	맞습니다. 이미 마약 범죄를 저지를 준비가 된 마약범에게 '기회'를 준 것에 불과하니까요. 합법인 함정수사입니다. 하지만, 마약과 관계없는 멀쩡한 사람한테 마약을 구해 오면 돈을 주겠다고 유혹해서는 그 사람이 마약을 가져왔을 때 체포한다면 어떨까요? 이건 쉽게 말하면 죄를 짓도록 꾄 것이니까 불법인 함정수사입니다.
염라	그렇게 되겠지.
소크라테스	이 말 도둑은 어떨까요?
염라	충분히 알 것 같소만, 그래도 소크라테스 변호사가 직접 말해 보시오.

소크라테스 피고인 포카 말타스의 경우는 도둑에게 훔칠 기회를 주고, 잠복하고 있다가 체포한 것입니다. 합법인 함정수사입니다. 따라서 유죄입니다.

포카 말타스 흑흑. 괜히 말탔스….

소크라테스 피고인 쓰렉의 경우에는 애당초 도둑질 할 생각이 없었는데 보안관의 유혹에 넘어가 말을 훔치게 된 겁니다. 불법인 함정수사입니다. 따라서 무죄입니다.

쓰렉 만세! 쓰렉 포에버!

염라 소크라테스 변호사 말이 맞는 거 같소.

검사 이런, 인상으로는 쓰렉이 유죄인데….

염라 검사! 외모 지상주의 발언은 삼가시오! (아, 통쾌해.)

검사 ….

이태원 사건 용의자를
다시 법정에 세울 수 있을까?

(일사부재리의 원칙)

"이럴 수가!"

무심코 인간계 신문을 읽던 염라왕은 자신도 모르게 소리를 지르고 말았다.

"이 영감 요즘 이상해졌어. 한밤중에 소리를 지르고 난리야!"

오이 마사지를 하다가 놀라 오이를 떨어뜨리고 만 염라왕의 아내가 핀잔을 주었지만, 염라왕은 아랑곳 않고 급히 소크라테스에게 전화를 걸었다.

"여봐-쉐-여."

소크라테스는 잠에 취해 있었다.

"여보게, 소크라테스! 나야, 나. 염라왕."

"옛? 이 한밤중에 웬일이십니까?"

"인간계 신문을 보다가 깜짝 놀랄 기사를 읽었네."

"뭡니까?"

"이태원 살인 사건 있지 않은가."

"예. 뭐 새로운 거 나왔답니까?"

"나오다마다. 티라노가 학생을 칼로 찌르는 CCTV 화면이 발견되었다고 하네!"

"그래요? 그럴 리가. 저도 인간계 신문을 꼬박꼬박 챙겨보지만 처음 듣는 소리인데요?"

"아니야, 분명 여기에 기사가 실려 있어. CCTV 카메라에 찍혔다면 무엇보다도 확실한 증거 아닌가."

"알겠습니다. 제가 지금 댁으로 가겠습니다."

잠시 후 소크라테스가 추리닝에 운동화 차림으로 염라왕 집에 들어왔다. 염라왕과 거실에 마주 앉은 소크라테스는 신문을 유심히 들여다보았다. 잠시 후 고개를 번쩍 들었다. 눈길에는 안타까움과 실망이 담겨 있었다.

"왜 그러나? 내 말 그대로이지 않던가?"

"맞긴 맞습니다만⋯."

"왜?"

"그 인간계가 아닙니다."

"그 인간계가 아니라니?"

"우리와 연결되어 있는 인간계가 아닙니다."

"그게 무슨 소린가?"

"여기 신문 이름을 보세요."

"《지구일보》… 어? 아니다. 《지구β일보》라고 되어 있네? 이게 뭔가?"

"패럴렐 월드입니다."

"패럴렐 월드? 영어인가? 되게 발음이 어렵구먼."

"한국말로는 평행 우주라고도 합니다. 말하자면 우리가 살고 있는 세상과 또 다른 세상이 나란히 존재한다는 겁니다. 완전히 다른 차원에서요."

"그런 게 있었나?"

"예. 이 신문도 우리의 패럴렐 월드인 '지구 베타'에서 발행된 신문입니다. 뭔가 잘못돼서 염라왕님 집에 배달된 모양입니다."

"그럼 티라노의 CCTV 화면이니 하는 건?"

"그쪽 세상에서 일어난 일이죠. 우리 신문에는, 보세요, 그런 기사가 없지 않습니까?"

소크라테스가 내민 같은 날짜의 《지구일보》에는 눈을 씻고 봐도 그런 기사가 없었다.

"그럼 우리 세계에서는 현실로 일어난 일이 아니구먼."

"그렇지요. 안타깝지만 이태원 살인 사건은 아직 아무것도 해결된 게 없는 겁니다."

"…"

"왜 말씀이 없으십니까?"

"우리 여기 패럴렐 월드인 지구β로 갈 수는 없나?"

"아니, 왜요?"

"가서 재판을 바로잡고 싶어. 확실한 증거가 나온 이상 티라노를 처벌해야지."

"소용없습니다. 그런다고 우리 세계의 재판이 바로잡히진 않으니까요."

"그래도 그쪽 세계에서나마 정의가 실현되지 않겠나."

"…하지만 그것도 아무 소용없을 텐데요."

"그게 대체 무슨 말인가. 그것조차 소용없다니?"

"…알겠습니다. 그럼 제가 교통편을 알아보겠습니다. 여행 떠날 준비를 하세요. 이번엔 다른 우주로 가는 만큼 준비를 단단히 하셔야 합니다."

"고맙네. 준비는 걱정 말게. 컵라면을 한 박스는 들고 갈 거니까."

이틀 뒤, 염라왕과 소크라테스는 지구β로 향하는 '인터월드 웜홀 열차'에 몸을 실었다.

"이런 열차가 있는지 몰랐군."

"극비리에 운영되는 열차입니다. 제가 손을 써서 표를 두 장 구했습니다."

"역시, 대단해!"

"…."

"왜?"

"으음."

"자네답지 않게 웬 신음 소리를 내고 그러나?"

"사소한 문제가 생겼습니다."

"사소한 문제? 뭔데?"

"생각해 보니 돌아오는 표를 사지 않았습니다."

"…."

지구β에 도착한 염라왕은 바득바득 우기기 시작했다.

"어차피 패럴렐 월드니까 여기도 자네 제자가 있지 않겠나. 엄밀히는 '소크라테스β'의 제자이지만, 제자를 통해 날 검사로 좀 법정에 세워 주게."

"검사로요? 위험합니다. 이곳 연옥계β에는 염라왕β와 소크라테스β 모두 있습니다. 혹시 들키면 큰 봉변을 당할 수 있습니다. 자기 구역 침범하는 걸 엄청 싫어하거든요."

"어차피 그들은 연옥계β에 있을 거고, 우린 지구β에 있지 않나. 들킬리 없어."

"…할 수 없네요. 제가 손을 한번 써 보겠습니다."

소크라테스가 백방으로 뛰어다닌 끝에 결국 염라왕은 임시 검사로 임명되었다. 염라왕은 검사직을 맡게 되자마자 티라노를 다시 재판에 세운다고 동분서주했다. 아마 좀 눈에 띄게 법석을 떨었던 모양이다. 연옥계β의 염라왕β가 염라왕이 자신의 세계에 방문한 걸 알게 되었다. 염라왕β는 염라왕을 연옥계로 초청했다.

연옥계β로 올라간 염라왕은 긴장했다. 자기 구역을 침범하면 화를 낸다는 소크라테스의 말에 겁을 잔뜩 집어먹은 탓이다. 혹시 무슨 변이라도 당할까 싶어 소크라테스는 연옥의 호텔에서 기다리게 하고, 혼자서 염라왕β의 초대 장소로 향했다.

염라왕β는 염라왕의 걱정을 날려 버리듯 근사한 저녁을 준비해 놓고 껄껄껄 웃었다.

"이거 다른 세계가 있는 줄 저도 몰랐소이다. 반갑소! 저와 똑같이 생긴 분을 이렇게 앞에 두고 있자니 기분이 좋으면서도 이상하구려!"

말투도 염라왕과 비슷한 염라왕β였다.

"허허허, 조용히 있다 가려고 했는데 그만 이렇게… 아무튼 이리 초청해 주셔서 감사합니다."

"근데 무슨 일로 이 먼 곳까지 오셨소?"

"그, 그건… 그냥 여행이오. 은퇴하기 전에 세상 구경이나 하려고."

"허허허, 맞소이다. 이젠 세상 유람이 제일 좋을 나이지."

염라왕과 비슷하면서도 어딘지 조금은 달랐다. 좀 더 태평한 성격인 듯했다.

염라왕β와의 저녁을 마치고 소크라테스가 기다리고 있는 호텔로 돌아가는 길이었다. 택시 안에서 창밖의 연옥 거리를 내다보던 염라왕은 화들짝 놀랐다.

호텔에 있는 줄 알았던 소크라테스가 길 안쪽 어두운 곳에서 어떤 청년과 대화를 나누고 있었다. 청년은 등을 돌리고 있어 얼굴이 보이지 않았지만 이쪽을 향한 소크라테스는 얼굴이 반쯤 보였다. 분위기를 보아 하니 길을 묻거나 하는 것 같지는 않았다.

'처음 온 곳에서 무슨 얘기를 저렇게 심각하게 하누?'

염라왕은 고개를 갸웃거리며 호텔로 돌아갔다. 잠시 침대에 누워 쉬고 있으려니 소크라테스가 들어왔다. 호텔방으로 들어오는 소크라테스를 본 염라왕은 크게 웃으며 말했다.

"하하하! 자네가 괜히 겁을 줘갖고는. 염라왕β가 자기 구역 침범했다고 싫어할 거라며? 전혀 아니더구먼. 아주 사람 좋고 호탕하던데."

"…그랬습니까?"

"아, 참. 그리고 조금 전 길에서 자넬 봤네."

"예? …그러셨습니까."

"낯선 사람과 이야기하고 있던데. 무슨 일인가?"

"아, 아무것도 아닙니다."

염라왕이 물었지만 소크라테스는 말끝을 흐릴 뿐이었다.

…

염라왕은 야심차게 티라노를 다시 법정에 세웠다. 물론 티라노β이다. 이번에는 반드시 처벌하겠다는 의지를 굳힌 표정은 비장하기까지

했다.

판사와 변호사는 예전 인간계와 같았다. 물론 그들은 판사β와 호연정 변호사β였지만. 소크라테스는 이날도 방청석에 앉아서 근심스런 얼굴로 검사석의 염라왕을 쳐다보고 있었다.

판사 염라 검사님. 사건에 대해 말씀해 주십시오.

염라 (어차피 다 내용 알면서 되게 격식 따지네) 티라노는 이태원에서 학생을 칼로 찔러 죽였습니다. 그리고!

염라왕은 품에서 주섬주섬 몇 장의 사진을 꺼냈다.

염라 변호사님이 증거가 있냐고 따질까 봐 미리 내놓습니다. 자. 이렇게 확실한 증거가 있습니다. 바로 티라노가 학생을 뒤에서 칼로 찌르는 장면이 찍힌 CCTV 화면 사진입니다. 보십시오!

변호사 키득키득.

염라 호연정 변호사님! 상당히 기분이 좋지 않소. 왜 웃지요?

변호사 아, 미안합니다. 그럼 변론을 시작하겠습니다.

염라 보나마나 티라노의 형을 좀 줄여 달라는 거겠지요. 뭐 봐줄 만한 사정이 있겠습니까? 어쨌든 해 보세요.

변호사 판사님. 티라노에게 무죄를 선고해 주십시오.

염라	뭐라고?
변호사	못 들으셨어요? 무죄라고요.
염라	보자보자 하니까 너무하는구먼. 아무리 변호사라고 해도 그리 터무니없는 말씀을 하시면 되겠습니까!
변호사	터무니없다뇨. 다 법에 근거한 주장인데요.
염라	세상 어디에 사람을 죽인 자를 무죄로 하는 법이 있답디 까? 여기가 패럴렐 월드라고 법도 그 따위로 엉망인 겁 니까?
판사, 변호사	패럴… 뭐라고요?
염라	아차. 아, 아닙니다!
변호사	**일사부재리** 원칙 때문입니다.
염라	일사… 뭐?
변호사	일. 사. 부. 재. 리.
염라	(뭘 알아야 반박을 하지… 일단 들어 보자.)
변호사	한번 재판을 받아 확정되었으면, 같은 범죄로 다시 재판을 받지 않는다는 원칙입니다. 그것이 일사부재리입니다.
염라	뭔 소리요? 잘못을 했으면 벌을 받아야지.
변호사	그럼 재판을 끝없이 받아야 합니까?
염라	뭐라?
변호사	재판이 다 끝났는데, '나중에 생각해 보니 정말 나쁜 인간 이더라' 또는 '다른 증거가 있더라' 하면서 자꾸만 재판을

하면 어떻게 되겠습니까?

염라 뭐, 뭐, 좀 귀찮고, 힘들고, 번거롭고….

변호사 처음부터 재판을 제대로 잘해야지요. 애초에 재판을 제대로 못해 놓고서는 뒤에 가서 재판이 잘못되었다, 생각이 바뀌었다, 혹은 증거가 나왔다 이런 이유로 자꾸 자꾸 사건을 들추어서는 안 되는 것입니다.

염라 그…게… 왜 안 되지?

변호사 그건 나라의 실수를 죄인에게 부담 지우는 것과 다르지 않습니다. 나중에 자꾸 고치고 바꿀 거면 재판을 왜 합니까? 만약 그럴 수 있다면 처음부터 재판을 제대로 하지도 않을 겁니다. 어차피 뒤에 가서 또 재판을 할 수 있는데 뭐하러 힘들게 재판을 받고, 하겠습니까?

염라 그… 그래도.

변호사 상식으로 생각해 봐도 그렇습니다. 한 번 숙제를 안 해가서 선생님께 야단을 맞았는데, 뒷날 선생님이 자꾸 그걸 반복하면서 야단을 치고 또 치고 한다면 잘못했다는 생각보다는 억울하다는 생각이 먼저 들겠지요? 염라 검사님도, 한번 학창 시절을 떠올려 보세요. 그렇지 않았습니까? 그런 기억이 많으셨을 것 같은데.

염라 그랬던 것 같긴 해. 자, 잠깐! 뭔가 또 기분이 좋지 않소!

변호사 (무시하며) 죄를 지은 사람도 마찬가지입니다. 죄를 짓고 한

번 재판을 받았으면 그걸로 끝내야 합니다. 같은 죄로 몇 번이나 재판을 받게 하는 건 공정하지 못합니다. 그건 재판에서 결론을 잘못 내리는 것보다 더 안 좋은 일입니다. 틀린 결론이라도 한 번 내려졌으면 뒤집을 수 없도록 해야 합니다. 그것이 일사부재리 원칙입니다.

염라 아무리 확실한 증거가 새로 발견되었다고 해도?

변호사 아무리 확실한 증거가 새로 발견되었다고 해도.

염라 이건 옳지 못하오!

변호사 다시 재판하는 건 더 옳지 못합니다.

염라 젠장!

변호사 법정에서 욕하는 것도 옳지 못하겠죠?

염라 으으으…(어째 호연정β가 호연정보다 더 얄미운 거 같아).

변호사 피고인 티라노의 이 재판에서도 마찬가지로 일사부재리 원칙이 적용됩니다. 티라노는 대법원에까지 가서 최종 무죄 판결을 받았습니다. 이로써 판결은 어차피, 하물며, 무작정, 더할 나위 없이, 영구적으로 확정되었습니다. 티라노는 이젠 두 번 다시 이태원 살인 사건으로는 재판을 받지 않습니다.

그럼 판사님, 어서 피고인에게 무죄 선고를….

판사 …합니다(길게 말하는 것도 귀찮다).

염라 큭.

어두운 호텔 방 안에 염라왕은 우두커니 앉아 있었다. 소크라테스는 일어서서 시커먼 창밖을 내다보았다.

"네온사인에, 자동차에… 패럴렐 월드의 인간 세상도 우리하고 전혀 다를 게 없네요."

"원래 똑같은 세계라며. 심지어 이태원 살인 사건도 똑같이 일어나지 않았나."

"사소한 건 다를 수도 있는 모양입니다. 이를테면 이쪽 세계에서는 CCTV 화면이 존재하는데 우리 세계에서는 없다든가…."

"그 증거만 있다면 완벽하다고 생각해서 힘들게 이 세계까지 건너왔는데…."

"염라왕님. 너무 낙담하지 마십시오. 법이 그런 걸 어떡하겠습니까."

"자넨 다 알고 있었지. 일사부재리 때문에 안 된다는 걸. 그래서 나한테 가 봐도 소용없을 거라고 그랬던 거고."

"…예."

"그럼 왜 데리고 왔나."

"아무래도 염라왕님이 직접 겪으셔야 받아들이실 것 같아서요."

"받아들이기는 하겠네만…."

"참, 그런데 일이 좀 귀찮게 되었습니다."

"뭐가?"

"제가 올 때 돌아가는 표를 못 끊었잖습니까?"

"그랬지."

"…여기서 돌아가는 표를 알아보니 직통이 없답니다."

"엉? 그럼 어떻게 되는 거야?"

"다른 패럴렐 월드를 몇 군데 거쳐서 돌아가야 합니다. 여기 표를 보니 지구θ(세타)하고 지구Ω(오메가)입니다. 이 두 군데를 경유해야 합니다."

"그래? 그렇단 말이지…."

염라왕은 티라노가 찍힌 CCTV 화면 사진들을 손에 쥐고 만지작거리며 골똘히 내려다보고 있었다. 그러다 갑자기 고개를 퍼뜩 쳐들었다. 그의 눈에는 굳은 결심이 서려 있었다.

다음 날. 염라왕과 소크라테스는 패럴렐 월드 사이를 운행하는 인터월드 웜홀열차에 올라타 나란히 앉아 졸고 있었다. 아니, 실제로 졸고 있는 건 소크라테스뿐이었다. 염라왕은 자는 듯 보였지만 손으로는 서류 가방을 꼭 쥐고 있었다. 소크라테스가 뒤척이며 말했다.

"아함… 피곤하네. 염라왕님도 쉬세요. 지구 세타하고 지구 오메가를 거쳐야 하니까 긴 여행이 될 겁니다. 왜 편한 자세로 안 계시고 가방을 꼭 붙잡고 계세요?"

"아무것도 아니네."

"가방은 선반 위에 놓으세요. 컵라면밖에 안 든 거 누가 가져간다고… 얍!"

소크라테스는 염라왕의 가방을 낚아챘다.

"여보게! 돌려 줘!"

소크라테스가 가방을 열자 삐죽이 몇 장의 사진이 고개를 내밀었다.

티라노의 CCTV 사진이었다.

"염라왕님… 역시… 도대체 이게 뭡니까?"

"…쩝. 다른 세계로 가져가려고."

"어찌시려고요?"

"그쪽 세계의 티라노 재판에 이 증거를 내야지. 살인죄로 처벌받게."

"재판이 확정되면 일사부재리입니다. 모르십니까? 이번에 몸으로 배웠잖습니까?"

"잘 아네! 하지만 자네도 말했듯이 패럴렐 월드마다 일이 조금씩은 다르지 않은가. 지구 세타하고 지구 오메가에서는 혹시 티라노의 재판이 늦어져서 확정 안 되었을 수도 있잖아."

"그래서 그 재판에 이 증거를 내 놓아서 티라노를 살인죄로 처벌받도록?"

"그래!"

"염라왕님…."

"…."

"물론 이곳 지구 베타에서는 티라노가 진범이 맞습니다. 이렇게 CCTV 화면에 찍힌 걸 보면요."

"…."

"하지만 지구 세타하고 지구 오메가에서는 티라노가 진범이 아닐 수도 있습니다. 패럴렐 월드마다 일어난 사건이 조금씩은 다르니까요."

"…"

"이걸 거기다 내 놓으면 티라노는 유죄로 되겠지요. 하지만 만약 그 쪽 세계에서 티라노가 진범이 아니라면요? …범인에게 화가 나신 건 이해합니다. 하지만 아무나 처벌하시겠습니까? 억울한 사람을 만들 위험을 무릅쓰고라도? 염라왕님은 법률가가 아니셨습니까?"

"…알겠네."

염라왕은 체념한 듯 눈을 내리깔았다. CCTV 사진을 천천히 여러 갈래로 찢더니 차창 밖으로 뿌렸다.

"잘 가라. 증거물아!"

"잘하셨습니다."

"하지만 포기한 건 아니야. 언젠간 꼭 진짜 범인을 가려내고 말겠어. 그것도 완벽하게 법을 지키면서 말이야."

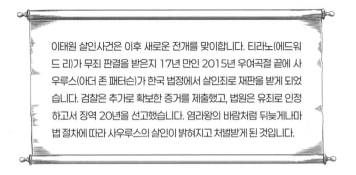

이태원 살인사건은 이후 새로운 전개를 맞이합니다. 티라노(에드워드 리)가 무죄 판결을 받은지 17년 만인 2015년 우여곡절 끝에 사우루스(아더 존 패터슨)가 한국 법정에서 살인죄로 재판을 받게 되었습니다. 검찰은 추가로 확보한 증거를 제출했고, 법원은 유죄로 인정하고서 징역 20년을 선고했습니다. 염라왕의 바람처럼 뒤늦게나마 법 절차에 따라 사우루스의 살인이 밝혀지고 처벌받게 된 것입니다.

진술 5

거의 모든 재판에는
돈 문제가 걸려 있다

민사재판의 원칙

담보도 없이 만 냥이나
빌린 허생은 사기꾼?

(사적 자치의 원칙)

"10분 후 이 기차는 종착역인 지구에 도착하겠습니다. 빠진 물건이 없는지 확인하시고 내리실 준비를 해 주세요."

객실 안 스피커에서 나온 안내 방송이 염라왕과 소크라테스를 깨웠다.

"아함. 드디어 도착했나. 지구 세타에다 지구 오메가까지 거치느라 시간 엄청 걸렸군."

"예. 정말 지겨웠죠."

"근데 곧장 또 일로 복귀해서 재판을 할 생각하니 갑갑하군."

"걱정 마세요. 실은 그동안 염라왕님이 열심히 하셔서 수백 년 동안 밀려 있던 형사재판이 거의 끝났습니다."

"오. 그거 듣던 중 반가운 소리일세. 그럼 당분간 쉴 수 있겠구먼."

"근데, 아마 앞으로는 민사재판이 줄줄이 들어올 겁니다."

"뭐라? 민사재판? 자, 잠깐만. 들어는 본 것 같은데 하도 오래되어 까먹었네. 민사가 뭐지?"

"사람들의 돈 문제에 관한 다툼입니다. 살다 보면 계약과 거래를 둘러싸고 다툼이 생기고, 다른 사람에게 손해를 끼쳐 배상을 해야 하는 일도 생깁니다. 이런 일 모두 결국에는 돈을 둘러싼 다툼으로 모아지지요. 그런 일이 민사이고, 민사에 적용되는 법이 민법입니다."

"민사재판은 그 싸움에서 판단을 내려 주는 거고?"

"그렇죠."

"아니, 근데 왜 연옥에 와서까지 돈 문제로 싸운단 말이야?"

"워낙 중요한 일이잖습니까. 돈 문제란 게. 나무랄 수 없죠."

"이거 산 너머 산이로구먼. 형법을 이제 겨우 좀 아는가 했더니. 민법은 아무것도 모르는데 큰일이야."

"돈에 관한 다툼은 복잡한 경우가 많습니다. 하지만 민법에 관한 원칙만 몇 가지 아시면 앞으로 큰 문제는 없을 겁니다."

"저, 정말인가? 난 무조건 자네만 믿겠네."

"예. 오히려 더 간단할 수도 있습니다."

"그런데 종착역이라고 하더니만 대체 여기가 어딘가?"

"이건 비밀열차라서 곧장 연옥으로 가지는 못해서요. 사람들 눈에 덜 띄는 시대와 장소를 종착역으로 해 놓았지요."

"되게 한적하고 올드해 보이는데… 커피 전문점도 없고."

"원래 콜라를 즐겨 드시지 않았습니까? 커피는 하데스님께서 좋아하셨던 걸로…."

"나도 이제 연옥에서 살고 있네! 언제까지 지옥계에서의 수준 낮은 생활을 해야 한단 말인가!"

"아, 알겠습니다. 여기는 조선 시대 후기입니다. 장소는 서울 남산골이고요."

"조선 시대, 남산골? …것 참 연옥으로 돌아갈 길이 막막하군."

"마침 잘되었습니다."

"뭐가?"

"잘하면 민법에 관해서 알아보기에 아주 좋은 곳을 찾을 수 있습니다."

"그래? 어딘데?"

"따라오십시오."

···

"여긴 어딘가? 어디 부잣집 사랑방 같은데."

"변 부자라는 사람 집입니다. 제가 지나가는 과객이라고 했더니 잠시 여기 있도록 해 준 겁니다."

"변 부자가 누군진 몰라도 인심 좋은 사람이군."

"염라왕님은 그 갓과 도포가 참 잘 어울리십니다."

"자넨 금발하고 높은 코 때문에 좀 어색해 보이는군."

이때 누군가 호기롭게 변 부자 집 큰 대문을 쾅쾅 두드렸다. 하인이 문을 열어 주자 다 찌그러진 갓과 낡은 도포를 입은 깡마른 선비가 들어왔다. 그는 마당을 성큼성큼 가로지르더니 변 부자가 있는 안방으로 다가가 문을 벌컥 열었다. 염라왕과 소크라테스도 그 뒤를 따랐다.

"변 부자님, 계시오!"

"누구시오!"

안방에서 책을 보고 있던 변 부자는 화들짝 놀라 물었다.

"저는 허생이라 합니다. 남산골에서 7년간 공부를 한 선비입니다. 가난을 못 이긴 부인의 성화에 집을 나섰습니다. 그리고 이렇게 장안의 갑부로 소문난 변 부자님을 찾아온 것입니다."

"그래서 무슨 일이오?"

"1만 냥을 빌려 주면 나중에 크게 돌려주겠습니다."

"뭐? 다짜고짜 1만 냥을 빌려달라고?"

변 부자는 황당한 표정을 지었다가 얼굴을 누그러뜨리고 찬찬히 허생의 얼굴을 들여다 보았다. 허생은 당당하게 마주보았다. 잠시 후 변 부자가 말했다.

"당신의 사람됨에 무척 흥미를 느꼈소. 알겠소. 내 빌려드리리다."

이 장면을 보고 있던 염라왕의 얼굴이 어느새 벌겋게 상기되었다. 마침내 염라왕은 벌컥 뛰어들며 소리쳤다.

염라	뭐 이딴 일이 다 있어? 이것들 보시오!
변 부자, 허생	뭐요?
염라	생판 모르는 사람에게 찾아가 거금 1만 냥을 빌려달라고 하는 허생 당신의 배짱은 대단하오. 그리고 그런 허생에게 선뜻 1만 냥을 빌려 주는 변 부자의 배포 또한 대단하오.
변 부자, 허생	그래서 칭찬하려고 우릴 불렀소?
염라	아니오! 이건 바보짓이오! 특히, 변 부자 당신! 생판 처음 보는 사람한테 그렇게 큰돈을 빌려 주다니. 그게 제정신이요?
변 부자	제정신은 맞소만, 들어 보니 바보 같은 짓인 것 같긴 하오. 하지만 내가 빌려 주고 싶어서 그런 거요.
염라	아니 되오! 모르는 사람한테 큰돈을 빌려 주는 일은 바보스럽고 위험한 짓이오. 허락할 수 없소!

허생이 염라왕 쪽으로 얼굴을 정면으로 돌리고 나섰다.

허생	아니, 대관절 누구신데 허락하니 마니 하시는 겁니까? 왜 내가 돈을 빌리는 데 방해하십니까?
염라	난, 난… 판사요! 법을 판단하는 판사! 그러니 내 말을 따르시오.
허생	알겠습니다. 판사님이라고 해 두죠. 그런데 판사 직책은 화

투 쳐서 따신 겁니까?

염라 뭐, 뭐시라! 어떻게 그런 말을!

허생 법을 잘 모르시는 것 같아서요.

염라 버, 법? 법을 내가 왜 몰라!

허생 저와 변 부자님은 돈 거래를 했지요?

염라 그렇소.

허생 사람들끼리 하는 돈 거래는 다양합니다. 물건을 그냥 주는 것, 돈을 빌리고 갚는 것, 물건을 사고파는 것, 집을 빌려 주고 세를 받는 것, 일을 시키고 봉급을 주는 것, 남한테 손해를 끼쳤을 때 돈으로 배상하는 것… 이런 일들, 수없이 많지요?

염라 아주 많지. 그런 건 하루에도 수십 번씩 하는 일이지.

허생 그런 게 모두 민사 문제입니다. 민사 문제를 다루는 법이 민법입니다.

염라 지금 누굴 가르치려고… 그건 나도 알아! (바로 조금 전에도 기차에서 소크라테스한테 들었지.)

허생 민법에서 기본 중의 기본이 되는 원칙이 있습니다.

염라 원칙? (또 어려운 말이 나오면 어떡하지….)

허생 그것은 '두 사람의 일은 두 사람이 알아서 하라'입니다.

염라 큭. 너무 싱거운 거 아니오? 겨우 그게 원칙이라니.

허생 하지만 이 원칙은 아주 아주 아주 중요합니다. 내가 친구에게 돈 1,000원을 빌려 주려 하는데, 법으로 '안 된다, 너무 액수가 크다. 500원만 빌려 줘라'라고 하면 되겠습니까? 친구가 빌린 돈 1,000원을 오늘 갚으려 하는데, 법으로 '안 된다, 내일 갚아라'라고 해서야 되겠습니까?

염라 아, 안 되오….

허생 우리 사회는 사실 알고 보면 밤하늘의 별만큼이나 많은 사람들의 거래로 이루어집니다. 문방구에서 연필과 지우개를 사고, 친구에게 돈을 빌리고, 책을 빌리고, 빵집에서 빵을 사 먹는 일, 휴대 전화를 쓰고 요금을 내는 일 모두 거래입니다. 사람들의 거래에 관한 약속을 계약이라고도 부릅니다. 우리의 생활은 수많은 거래 혹은 다른 말로 계약으로 이루어지고 있는 겁니다.

염라 계약이라면… 그… 그렇지, 계약서! 계약서에 도장을 찍어야지!

허생 중요한 계약은 보통 문서에 써서 도장을 찍거나 서명을 합니다. 하지만 꼭 계약을 문서로 해야 하는 건 아닙니다. 말로 한 약속도 문서로 한 계약과 똑같은 효력이 있습니다. 법률상으로는 '구두 계약'이라고 합니다.

염라 그래도 중요한 계약은 문서로 하지 않소? (윽, 내가 왜 묻고 있지?)

허생 그건, 만약 나중에 다툼이 생겨 재판을 하게 된다면 증거가 필요하기 때문입니다. 말보다는 문서가 확실한 증거니까요. 그래서 중요한 약속은 문서로 하는 것입니다. 문서가 없으면 효력이 없다는 건 오해입니다. 다만 재판에서 증거를 대기가 힘들어질 뿐이죠.

염라 …(뭐라 할 말이 없네).

허생 수많은 계약에 법이 일일이 나서서 '이건 좀 비싸다', '저건 너무 싸다' 하면서 간섭해서는 안 되고 할 수도 없습니다.

염라 좀 하면 안 되오?

허생 법은 국민의 부모가 아니니까요. 법이 국민에게 그런 식으로 잔소리를 해서는 안 됩니다. 법이 일일이 끼어든다면 사회는 마비되고 경제는 돌아가지 않게 됩니다. 결국엔….

염라 결국엔?

허생 모두가 법의 감시를 받는 무시무시한 사회가 되고 말 것입니다.

염라 으음(또 '으음'이 나오고 말았어. 으음).

허생 그래서 사람과 사람의 거래·계약에 관한 법인 민법에서는 '당신들끼리 알아서 해라, 법은 간섭하지 않겠다'는 원칙이 있는 겁니다. 법률 용어가 중요한 건 아닙니다만, **사적 자치의 원칙**이라고 합니다.

염라 전문 용어는 집어치우시오!

허생 웬 성질은… 사적 자치의 원칙은 '사적'인 일은 '자치'적으로 알아서 하라는 뜻입니다. **계약 자유의 원칙**이라고도 합니다. 정리하면, 이렇습니다.

당신들의 문제는 당신들끼리 알아서 하시오

= 사적 자치의 원칙 = 계약 자유의 원칙

염라   윽, 정리까지.

허생   저와 변 부자님은 남다른 거래를 했지만 그거야 우리 마음입니다. 법이 간섭할 수 없겠지요? 그것이 사적 자치, 계약 자유의 원칙이니까요. 더 하실 말씀 없지요? 그럼….

염라   자, 잠깐!

허생   또 뭡니까?

염라   허생, 당신의 말은 그럴듯하지만 다 헛소리였어.

허생   (귀찮다는 듯) 이유는?

염라   사적 자치? 자신의 일은 자신이 정한다? 흥. 그럼 죄를 저지른 사람이 법정에서 재판받으면서, "난 무죄로 하겠습니다", "난 징역 1년만 받을래요" 이러면 되겠소? 이런 자들을 법이 내버려 두란 말이요? 사적 자치인지 주민 자치인지 모르지만 그런 걸 빌미로 지들이 지 형을 결정할 수는 없는 거잖소!

허생   나, 참. 영감님 귀가 어두우신가?

염라   뭐, 뭐라고?

허생   제가 뭐라고 했습니까? 사적 자치는 민사, 민법에서의 원칙이라고 했잖아요. 형법에는 당연히 해당이 없죠!

염라　　　그, 그런가.

　　허생은 1만 냥이 든 돈주머니를 둘러메고, 꿀 먹은 벙어리처럼 아무 말도 못하고 있는 염라왕을 지나쳐 대문 밖으로 모습을 감추어 버렸다.

　　"열불이 나는군. 그 시건방진 놈한테 당한 생각을 하니."

　　사랑방으로 돌아온 염라왕은 소크라테스 앞에서 씩씩거리며 분통을 터뜨렸다.

　　"사람이 좀 건방진 구석은 있지만, 말이야 맞습니다."

　　"아무리 말이 맞더라도…."

　　"실은 그 허생이라는 사람은 나중에 매점매석이라는 나쁜 일로 돈을 많이 벌게 됩니다."

　　"여, 역시! 나쁜 놈이었군! 그럼 처벌은 받소?"

　　"아니요. 조선 시대에는 매점 매석을 처벌하는 법이 없었으니까요. 허생은 좋은 일도 많이 합니다. 변 부자한테는 오늘 1만 냥을 빌렸지만 나중에 10만 냥을 갚지요."

　　"음. 아무튼 민법이란 게 형법하고는 기본적으로 너무 달라서 아직 감이 안 잡히오. 자기들끼리 알아서 하는 게 원칙이라면 법이 별로 끼어들 일은 없을 것 같기도 한데…."

　　"…과연 그럴까요?"

"응?"

"염라왕님이 아직 감을 못 잡으시는 것 같으니…."

"좀 그렇기는 해."

"연옥계로 돌아가기 전에 한 군데 더 들러 볼 데가 있습니다."

"어딘데?"

"일단 따라와 보십시오."

염라왕은 소크라테스에게 이끌려 또 다시 어디론가 떠나는 시공간 기차에 올라탔다.

베니스 상인은 약속대로
살 1파운드를 베어 내야 할까?

(사적 자치와 예외)

"세상에! 물 위에 집이 있어. 다리도 있고! 대체 여긴 어딘가?"

"이탈리아 베니스입니다."

"그런데 자네는 아까 한참 자리를 비웠던데 대체 어딜 갔다 온 거야?"

"꼭 필요한 일이 있어서요."

"참, 낯선 곳에 와서도 바쁘군. 그래, 여기서 어디로 갈 건가?"

"당연히 법정에 가야지요."

염라왕과 소크라테스는 어느 낡은 건물에 마련된 법정에 들어섰다. 돌로 된 건물은 춥고 어두웠지만 염라왕이 무심코 법대 위 판사석을 보았을 때 일순간 눈이 부신 느낌을 받았다.

"아니, 세상에 저렇게 아름다운 여성이 판사란 말인가!"

"욱 검사가 들으면 또 외모 지상주의라고 한 소리하겠습니다. 저 판사는 포샤라고 합니다."

"이건 무슨 재판인가?"

"요즘 이 동네에선 유명한 재판입니다. '베니스의 상인' 재판이라고 알려져 있지요. 바사니오는 아름다운 포샤에게 구혼하기 위해 친구인 안토니오에게 돈을 빌렸습니다. 베니스 상인 안토니오는 바사니오에게 돈을 빌려 주기 위해 고리대금업자인 샤일록으로부터 다시 돈을 빌렸습니다. 샤일록은 평소에 안토니오를 아주 미워하고 있었지요. 안토니오가 돈을 빌리러 오자, 안토니오를 해칠 좋은 기회라고 생각하고 흉계를 꾸몄습니다. 안토니오가 돈을 갚지 않을 때에는 안토니오의 가슴살 1파운드(0.45킬로그램)를 베어 내겠다는 조건을 내걸었습니다. 안토니오는 돈을 갚을 자신이 있었기에 그 계약에 동의했지요.

그런데 안토니오의 전 재산인 배가 제때에 들어오지 않아 돈을 갚을 수 없게 되었습니다. 그렇게 되니 샤일록은 약속에 따라 안토니오의 살 1파운드를 베어 내려는 겁니다. 물론 샤일록의 목적은 미운 안토니오를 죽이는 데에 있지요. 이때 바사니오의 영리한 약혼자 포샤가 나섰습니다. 그리고 판사로 변장해 이 법정에 들어온 겁니다."

"그러면 포샤는 판사 사칭을…?"

"쉿! 여기서 그 말씀은 하시면 안 됩니다. 일단 지켜보자구요."

포샤가 재판을 시작했다. 샤일록과 안토니오가 서로 옳다고 싸우며 말이 많았지만, 재판은 샤일록 쪽으로 기울고 있었다.

샤일록   판사님. 계약서를 보십시오. 딱 이렇게 되어 있지 않습니까? '정해진 날짜에 돈을 갚지 못하면 샤일록은 안토니오의 살 1파운드를 베어 낸다' 다른 말 할 것 없습니다. 계약서대로 이행되기를 원합니다. 안토니오의 살 1파운드를 베어 내겠습니다.

안토니오 좀 봐주십시오. 날짜를 며칠만 더… 살 1파운드를 베어 내면 전 죽습니다.

샤일록   계약은 계약입니다. 안토니오 당신이 직접 계약서에 사인했잖아!

안토니오 계약이야 맞지만 사람 일이란 게 서로 사정도 좀 봐주고 인정도 베풀어야 할 거 아니오.

샤일록   여긴 법정이야! 인정이 아니라 법대로 하는 곳이지. 판사님. 어서 판결을 내려주십시오.

포샤   …할 수 없네요. 법은 법.

안토니오 안 돼!

포샤   계약서대로 판결하겠습니다.

샤일록   오, 예!

염라   (손에 땀을 쥐며) 아, 안 돼. 큰일이야. 계약서대로라면 안토니오는….

284

포샤	샤일록은 안토니오의 살 1파운드를 도려내십시오.
샤일록	만세!
포샤	하. 지. 만.
염라	(응? 저 말투는 소크라테스 변호사가 가끔 하는….)
샤일록	하지만? 뭡니까?
포샤	딱 계약서대로라야 합니다. '피'는 계약서에 없습니다. 따라서 살 1파운드를 도려내되, 안토니오의 피를 흘려서는 안 됩니다.
샤일록	뭐시라!
염라	(저건 내 대사인데.)
포샤	만약 안토니오의 피를 조금이라도 흘렸다간 계약을 위반한 것이므로 책임을 져야 합니다.
염라	오. 명판결! 잘됐다. 안토니오는 살았군. 저 꼴 보기 싫은 샤일록 봐.
포샤	호호홍, 이걸로 재판을 끝….
샤일록	잠. 깐. 만.
포샤	뭐예요?
샤일록	내 변호사를 부르겠습니다. 변호사님, 나와 주세요!
포샤, 염라, 안토니오	변호사라니? 누구를 불렀다는 거야? 또 보나마나 주변의 악당 친구들 중 한 명이겠지.

사람들이 웅성거리고 있는데, 염라왕 옆에 있던 소크라테스 변호사가 앞으로 쑥 나섰다.

소크라테스 변호사 여기 있습니다.

염라 억! 소크라테스 변호사!

소크라테스 염라왕님. 실은 아까 베니스에 왔을 때 잠시 제가 어디 다녀왔었죠? 샤일록한테 가서 이 사건을 맡아 온 겁니다.

염라 자네가 왜?

소크라테스 물론 샤일록을 변호하기 위해서죠.

염라 저 못된 샤일록을?

소크라테스 그럼 변론하겠습니다.

포샤 변론해 보세요.

소크라테스 (일어서서 손가락을 턱에 대고 서성거리며) 이 베니스의 상인 이야기에서는 계약을 어떻게 해석할 것인가 하는 문제를 던져 주고 있습니다.

포샤 그 뻐기는 듯한 태도가 좀 거슬리네요.

소크라테스 샤일록과 안토니오의 계약은 '살 1파운드를 도려내기로 한 것뿐이니 피를 한 방울도 흘려서는 안 된다'고, 포샤 판사님은 해석하고 있습니다.

포샤 그래요.

소크라테스 계약서의 글자에 충실하면 언뜻 맞는 말 같기도 합니다. 그런데 포샤 판사님의 이런 풀이가 과연 맞는 것일까요?

포샤 (당황하며) 어디 틀린 구석이 있어야지요.

소크라테스 사람들은 중요한 계약을 할 때 문서로 남깁니다. 이것을 '계약서'라고 합니다. 그런데 같은 말과 글자를 놓고도 사람들이 이해하고 해석하는 방식이 다른 경우가 많습니다. 계약서 또한 결국은 사람의 말이다 보니 그럴 수밖에 없습니다. 그래서 재판도 하는 거고요.

포샤 서론이 너무 기네요. 교장 선생님이세요?

소크라테스 계약 해석의 기본은 역시 글자 그대로 해석하는 것입니다. 예를 들어 보겠습니다. 영구가 맹구한테 돈을 빌리면서 "한 달 뒤에 백만 원을 갚겠다"라고 했다면 이런 건 해석이 명백하겠지요? 글자 그대로 '한 달 뒤'에 '백만 원'을 갚겠다는 약속을 한 것입니다.

포샤 내가 그런 식으로 계약을 해석한 거잖아요.

소크라테스 하지만!

포샤 어머, 왜 소리를….

소크라테스 '글자대로의 해석'으로는 충분하지 않은 경우가 있습니다. 이를테면 맹구와 영구가 이런 약속을 했다면 어떨까요? "한 달 뒤에 다른 큰 일이 없다면 백만 원을 갚겠다." '한 달 뒤', '백만 원'이라는 부분은 여기서 문제없겠지요, 하지만 '다른 큰 일이 없다면'이라고 한 부분은 서로 견해가 갈릴 수가 있습니다.

한 달 뒤에 영구가 감기에 걸려 몸져누웠다면 어떨까요? 영구는 이것이 '다른 큰 일'에 해당된다고 하면서 돈을 안 갚겠다고 할 수 있고, 맹구는 감기하고 돈을 갚는 일하고는 관계가 없다면서 돈을 갚으라고 싸울 수 있을 것입니다. 원인은 애초에 '다른 큰 일이 없다면'이라고 애매하게 정해 놓았기 때문입니다. 이런 걸 보면 글자대로만 해석한다고 해서 다 해결되는 건 아니지요?

포샤 그러니까 애매한 것을 정해 주는 게 재판이잖아요.

소크라테스 그렇습니다. 이렇게 애매한 경우는 어떻게 할 거냐? 별다른 법칙이 있는 게 아닙니다. 결국 상식적으로 판단할 수밖에 없습니다.

염라 방청객으로서 질문 있습니다. 그럼 영구가 감기 때문에 돈을 못 갚는다는 주장은 어떻게 될 것 같소?

소크라테스 그런 주장은 받아들여지지 않을 겁니다.

염라 그렇지. 그게 상식이지.

포샤 뒤에 늙으신 분, 조용히 하세요.

염라 늙은 것도 서러운 데 자꾸 늙었다고 그러지 마시오.

포샤 그럼 젊습니까!

염라 …(보기보다 성질이 더럽군. 소크라테스 변호사 때문에 약이 올랐나 봐).

소크라테스	변론을 계속하겠습니다. 계약은 글자대로 풀이하는 것도 중요하지만 어디까지나 해석의 기초는 상식입니다. 상식에 맞게 해석해야 합니다. 서로 싸움이 있을 때는 '두 사람은 왜 이 계약을 했나, 다른 사람들은 보통 어떻게 계약을 하는가' 같은 것들을 상식에 따라 생각하면서 해석하면 됩니다. 그럼 이렇게 상식적으로, 샤일록과 안토니오의 계약을 한 번 볼까요?
포샤	지금까지 봤잖아요!
소크라테스	글쎄요, 포샤 판사님의 해석은 상식에 맞지 않는 것 같습니다.
포샤	뭐가 안 맞는다는 거죠?
소크라테스	살을 1파운드 도려내면 피가 흐르는 것은 당연합니다. 상식적으로 피를 흘리지 않고 살만 도려낼 수 있습니까?
포샤	그, 그건⋯.
소크라테스	안토니오와 샤일록이 살 1파운드를 잘라 내기로 했을 때, 피를 흘리게 될 건 서로 뻔히 알고 있었습니다. 당연한 거라고 생각했으니 따로 안 써 넣은 것일 뿐이죠. 그렇지 않습니까? 안토니오 씨, 샤일록 씨?
안토니오	⋯.
샤일록	그렇소!
소크라테스	따라서 살 1파운드를 잘라 내되, 피를 한 방울도 흘려서는

안 된다는 식으로 해석해서는 안 됩니다. 상식에 따라 판단해 보면 그렇습니다.

포샤 어떻게 잘 잘라 내면 피를 안 흘릴 수도….

샤일록 포샤 판사님이 잘라 보세요! 피를 안 흘릴 수 있나!

포샤, 염라, 안토니오 ….

샤일록 후후훗. 소크라테스 변호사. 잘 했어! 재판은 거의 이겼군.

소크라테스 그럼 약속된 보수를….

샤일록 보수? 아, 그렇지 내가 재판에서 이기면 돈을 주기로 했지.

소크라테스 그렇죠.

샤일록 짠! 당신은 해고야!

소크라테스 해고라고요?

샤일록 푸핫핫핫. 아직 판결을 선고하기 전이니까 아직 내가 이긴 게 아니지? 변호사로서 일을 다 못한 거야. 그러니까 돈은 줄 수 없어! 으하하하하! 돈도 굳었고, 안토니오 살도 잘라 낸다!

염라 저, 저런 놈이! 소크라테스 변호사. 내가 나서 주겠소. 저 자의 말도 상식에 어긋난 거 아니오. 일을 시켰으면 한 만큼 돈을 주어야지, 중간에 그만두게 해 놓고 돈을 안 주겠다니!

소크라테스는 팔을 가볍게 들어 염라왕을 막았다. 샤일록은 여전히 배를 두드리며 웃고 있었다.

소크라테스 괜찮습니다. 샤일록 씨를 위한 변론을 그만두겠습니다. 더
변론할 것도 없고요.

샤일록 푸하하하하!

염라 웃지 마!

염라왕이 소리쳤지만 소용없었다. 포샤도, 안토니오도 모두 하얗게
질려 있었다. 소크라테스가 안토니오를 나지막히 불렀다.

소크라테스 안토니오 씨.

안토니오 예?

소크라테스 제가 이번에는 안토니오 씨의 변론을 맡아도 될까요?

안토니오 옛? 제 변호를요?

소크라테스 예. 보수는 필요 없습니다.

안토니오는 놀란 눈으로 소크라테스를 빤히 쳐다보다가 한참 후 힘
없이 대답했다.

안토니오 …아, 알겠습니다. 맡아 주시죠.

샤일록 푸하하하하. 이제 와서 무슨 소용? 상식 몰라? 상식!

소크라테스	그럼 이제 안토니오의 변호사로서, 안토니오를 위해 변론하겠습니다.
포샤	해 보세요.
소크라테스	살을 도려내되 피를 흘리지 마라, 이건 분명 잘못된 해석입니다.
포샤	(짜증내면서) 그렇다면서요. 자꾸 왜 반복하세요.
소크라테스	하지만 계약을 어떻게 해석할까 하는 문제 이전에.
포샤	이전에?
소크라테스	과연 그 계약이 유효한지에 대해서 의문을 표시하는 바입니다.
샤일록	뭐라고? 하하하하. 바보 같은 소리! 이 계약서에는 나와 안토니오가 직접 서명을 했어! 당연히 유효하지, 무슨 헛소리야!
포샤	샤일록 씨. 조용히 하세요. 변론을 들어 봅시다.
소크라테스	샤일록의 말대로입니다. 샤일록과 안토니오는 누구의 간섭도 없이 자유로운 의사로 계약을 했습니다. 이런 거래와 계약에서는 어떤 원리가 기본입니까?
염라	(아는 거 나왔다!) 사적 자치!
포샤	뒤에 늙은 분, 조용히 하세요.
염라	으윽.
소크라테스	'사적 자치의 원칙' 맞습니다. 계약의 원칙입니다. 여기에

법률이 끼어들어 이래라 저래라 할 수 없습니다. 샤일록과 안토니오가 맺은, 돈을 못 갚을 때 살을 도려낸다는 무시무시한 계약도 사적 자치의 원칙에서는 못할 건 없습니다.

샤일록 그러니까 빨리 판결하시오! 내가 이겼다고.

소크라테스 하. 지. 만.

염라 (나, 나왔다.)

소크라테스 이런 계약이 정말 효력이 있을까요? 판사는 이 끔찍한 계약을 두고 다투는 소송에서 '안토니오의 살 1파운드를 도려내라'는 판결을 내릴 수밖에 없을까요?

포샤 그렇다면서요.

소크라테스 제가 언제 그랬습니까? 아닙니다.

포샤 아니라구요?

소크라테스 예외 없는 원칙이 있습니까?

염라 있소! '예외 없는 원칙은 없다'라는 원칙이오.

소크라테스 뒤에 늙으신 분은 자꾸 분위기를 흐리지 마시기 바랍니다.

염라 뭐라? 소크라테스 변호사 자네까지?

소크라테스 (무시하고) 예외 없는 원칙이 없듯이, 사적 자치의 원칙에도 물론 예외가 있습니다.

포샤 뭡니까?

소크라테스 **사회질서에 어긋나는 행위는 무효다**라는 원칙입니다.

포샤, 안토니오,
샤일록, 염라 …(당최 무슨 소린지).

소크라테스	'사회질서에 어긋나는 행위'란, 쉽게 말해서 보통 사람의 양심으로는 받아들이기 힘든 내용의 계약을 말합니다.
포샤	어떤 겁니까? 예를 들면요?
소크라테스	범죄를 같이 하자고 하는 계약이라든가, 사람의 몸을 상하게 하는 계약 같은 것을 예로 들 수 있습니다. 맹구와 영구가 같이 도둑질을 하기로 약속했습니다. 약속을 어기면 상대에게 100만 원을 주기로 했습니다. 마음 약한 영구는 그날 밤 후회로 잠을 못 이루었습니다. 막상 도둑질을 하려니 양심을 가책을 느꼈던 거지요. 하지만 그만두려니 약속을 어겼다는 이유로 맹구에게 100만 원을 주어야 할 것 같습니다. 영구는 도둑질을 하기로 한 약속을 지켜야 할까요? 어기면 100만 원을 맹구에게 주어야 할까요?
염라	내게 묻는 거요? (아차, 내 법정이 아니지.)
포샤	아마 내게 묻는 거겠죠? 아닐 것 같네요.
소크라테스	맞습니다. 영구는 고민할 필요가 없겠지요? 도둑질을 하자는 약속은 사회질서에 위반되는 것이기 때문에 무효입니다. 따라서 지킬 필요가 없습니다. 또 맹구한테 약속을 어겼다고 100만 원을 줄 필요도 없습니다.
샤일록	어째 분위기가 불리한데….
소크라테스	여기서 여러분들의 이해를 돕기 위해 제가 특별히 모신 분

이 있습니다.

소크라테스는 법정 밖을 보며 박수를 짝짝짝 쳤다. 그러자 법정 문
이 열리며 조그마한 소녀가 모습을 드러냈다. 마치 햇볕을 못 받은 것
처럼 새하얀 피부를 가진, 커다란 눈과 앙증맞은 코가 예쁜 소녀였다.
하지만, 금발이 어깨까지 치렁치렁 늘어져 있었고, 법정에 걸어 들어오
는 하늘하늘한 자태를 보면 더 이상 어린아이만은 아닌 것 같은 분위기
도 있었다.

포샤   이 비현실적으로 귀여운 소녀는 누구에요?
염라   나도 그게 궁금하오.
포샤   뒤에 늙은 분 조용히!
소크라테스   아가씨, 이름을 말해 줘요.

소녀는 그 말에 대답 않고 종이를 꺼내더니 연필로 무언가를 끄적끄
적 적었다.

사람들   (동시에) 에이리얼?
소크라테스   이 소녀는 자신이 바다에서 살던 인어라고 주장하고 있습
            니다. 물론 믿기시지는 않겠지만, 중요한 건 소녀 자신이
            그렇게 믿고 있다는 겁니다.

염라 소크라테스 변호사. 대체 어느 틈에 또 그런 소녀를 만났소? 여기 온 지 얼마 되지도 않았구먼.

소크라테스 길에서 보았는데 예사롭지 않아서 제가 연락해 두었습니다.

포샤 그런 건 됐고, 이 소녀가 어쨌단 거죠? 그리고 왜 말을 안 하고 글로 쓰나요?

소크라테스 에이리얼? 왜 말을 하지 않지요?

에이리얼 (종이에) 말하지 않기로 약속했습니다.

포샤 누구하고? 왜? 사연이 있는 것 같은데 말해 봐요.

에이리얼 (종이에) 전 바다에서 인어 공주로 왕과 언니들과 같이 재밌게 살고 있었어요.

포샤 공주? 인어?

염라 ….

포샤 (소크라테스에게 조용히) 미안하지만 좀 제정신이 아닌 아가씨 아니에요?

소크라테스 (조용히 포샤에게) 그렇더라도 잠시만 들어, 아니 읽어 주십시오.

에이리얼 (종이에) 그러다가 어느 날 육지의 멋진 왕자님을 보고 사랑에 빠졌어요. 육지로 가고 싶었던 저는 우르술라라는 마녀에게 부탁했어요. 우르술라는 문어 다리를 가진 무서운 마녀랍니다.

우르술라는 저에게 육지를 걸을 수 있는 다리를 주는 대신 제 목소리를 가져가겠다고 했어요. 우르술라는 저에게 다리를 주었죠. 그래서 전 이렇게 육지에서 걸으면서 왕자님을 찾아다닐 수 있게 되었어요. 그러니까 전 우르술라와의 약속 때문에 말을 하면 안 돼요.

염라 에이리얼 양, 정신 차려요! 무슨 정신적 충격을 받은 거 같은데, 그런 건 소녀들이 자주 꾸는 꿈이야! 현실을 똑바로 봐야 해!

소크라테스 염라왕님, 쉿! 그렇게 윽박지르는 건 에이리얼한테 정신적으로 더 안 좋은 충격을 줄 수 있어요.

염라 그럼 어떻게…? 저대로 놔두란 말이야? 애가 저러고 있는데?

소크라테스 제가 해결하겠습니다. 에이리얼 양. 왕자님은 찾았나요?

에이리얼 (종이에) 아니요. 무작정 돌아다녀 보고 있는데 아직 못 찾았어요.

소크라테스 왕자님을 찾아도 말을 못하면 마음을 전할 방법이 없잖아요? 다른 여자가 빼앗아 가도 멀뚱히 보고 있어야 돼고. 그냥 말하지 그래요?

에이리얼 (종이에) 안 돼요. 우르술라와 약속했거든요. 약속은 지켜야죠.

염라 허어.

소크라테스 포샤 판사님, 그리고 에이리얼. 같이 들어 주십시오. 자칭 인어 공주인 에이리얼과 마녀 우르술라와의 계약도 물론 두 사람 마음대로 정할 수야 있습니다. 하지만 사람의 목소리를 빼앗고, 말을 못하게 한다는 따위는 양심에 어긋나고 사회질서에도 맞지 않습니다. 따라서 이 계약은 무효입니다.

에이리얼 (종이에) 정말요?

소크라테스 그렇습니다. 에이리얼 양의 목소리는 어떤 계약으로도 뺏을 수 없습니다. 그런 계약은 무효입니다. 지킬 필요가 없습니다.

포샤 맞아요. 판사인 내가 보증합니다. 지킬 필요 없어요. 어서 말해요.

에이리얼 신난다! 이젠 왕자님을 만나서 직접 말할 수 있게 됐어!

에이리얼은 즐거워하며 깡총깡총 뛰어나갔다. 방청석에서 남자 한 명이 벌떡 일어서더니 급히 에이리얼을 따라 나가려 했다. 이상하게 생각한 염라왕이 남자를 불러 세웠다.

염라 왜 에이리얼을 따라 나가시오? 당신은 누구요?

남자 전 소설을 쓰는 사람입니다. 좋은 소재가 될 것 같아서 소녀를 인터뷰 좀 하려고요.

염라	소설가? 이름이 뭐요.
남자	부끄럽습니다. 아직 무명입니다만, 안데르센이라고 합니다.

남자는 그 말을 남기고 급히 법정 밖으로 뛰어나갔다.

소크라테스	어떻습니까? 이제 좀 더 이해가 되십니까? 이 사건으로 돌아가서 이야기해 볼까요? 살덩어리를 잘라 낸다는 약속은 사람의 몸을 상하게 하는 계약입니다. 하지만 끔찍하고 잔인해서 도저히 인정할 수 없겠지요. 양심에 어긋나고 사회질서에도 어긋난 계약입니다. 이 계약은 무효입니다.
염라	옳소! 돈을 빌렸으면 돈으로 갚아야지. 살이 아니라.
샤일록	늙은 양반! 조용히 해! 기분도 안 좋은데.
염라	뭣이!

안토니오의 얼굴에는 화색이 돌았고, 샤일록의 얼굴은 흙빛으로 변했다.

포샤	어때요? 샤일록 씨. 더 할 말 있나요? 그래도 재판을 계속하시겠어요?
샤일록	(고개를 푹 숙이며) …포기하겠습니다.

재판을 마친 염라왕과 소크라테스는 베니스의 운하 사이를 걸으며 오랜만에 한가한 시간을 보냈다.

"덕분에 여러 가지를 배웠어. 계약이라고 해서 다 되는 건 아니었군."

"그렇습니다."

"샤일록 같은 자가 있다니. 중세 시대 유럽도 무서운 곳이야."

"샤일록 같은 자는 요즘도 있습니다."

"뭐? 요즘도 있다고?"

"영화나 드라마에 가끔 나오지 않습니까? 폭력배들이 돈을 빌린 사람들한테서 신체포기각서란 걸 받기도 하잖아요. 돈을 갚지 못할 때에는 신장, 눈 같은 몸의 일부를 대신 준다는 내용으로요."

"무시무시하군."

"사회에서 인정해 줄 수 없는 약속이지요. 당연히 무효입니다."

"영화에서는 돈 못 갚아서 막 도망다니고 그러던데? 폭력배들이 장기를 떼어 낼까 봐."

"그럴 필요가 없습니다. 그런 계약은 무효니까요."

"그래도 막 겁도 주고 그러던데."

"그랬다간 오히려 겁을 주는 쪽이 엄한 처벌을 받게 됩니다."

"그런 거였군."

"도박 빚도 마찬가지입니다. 도박은 돈을 걸고 게임에서 이기는 사람이 갖기로 하는 거잖아요? 이것도 계약입니다. 하지만 도박은 범죄죠. 사회질서에 어긋납니다. 그걸 법이 인정해 줄 수는 없습니다. 그래서 도박으로 생긴 빚은 무효입니다."

"그럼, 도박하다가 빚을 졌다고 해도 안 갚으면 그만이란 거야?"

"예. 도박 빚은 무효입니다. 안 갚아도 됩니다."

"에익, 그것도 모르고 지난번에 하데스한테…."

"하데스님이랑 도박을 하셨습니까?"

"아, 아니. 꼭 도박까지는 아니고 그냥 가볍게 화투 놀이를… 하여간 잘되었네. 도박 빚이 무효인 걸 모르고 돈을 주었으니 이번에 돌아가면 돌려받아야겠어."

"그건 안 됩니다."

"왜? 무효라며?"

"무효인 도박 빚이라도 '일단 돈을 주었다면' 다시 돌려받지 못합니다."

"뭣?"

"법으로 그렇습니다. 불법적인 일에는 법이 관여하지 않겠다는 것입니다. 그러니 도박으로 빚을 지고서 힘들게 돈 갚으면 억울한 셈이죠."

"이거야 열불 나는구먼."

그 순간 한 남자가 급하게 걸어오다가 염라왕의 어깨를 툭 치고 지나가려 했다. 염라왕이 그 남자를 불렀다. 남자는 꽤 젊었지만 이마가 벗겨지고 콧수염을 기르고 있었다.

"이보시오. 아무리 급해도 그렇지, 사람을 쳤으면 사과를 해야지."

"Oh, sorry."

"영국 사람이군. 영국 사람이 베니스에 웬일이요?"

"놀러 왔어요."

"놀러 온 사람이 어딜 그리 급하게 가시오?"

"재밌는 재판이 있었다고 해서 취재 좀 하려고요. 전 소설을 쓰는 사람인데, 소재나 좀 얻을까 해서."

"베니스의 상인? 소설? 혹시⋯ 당신 이름이 셰익스피어 아니오?"

"아뇨. 제 이름은 토일렛입니다."

"익, 토일렛!"

"근데 왜 제 이름이 셰익스피어라고 생각하셨습니까?"

"아, 아니오. 착각했소. 별 이상한 이름도 다 있군."

"안 그래도 이름 때문에 놀림 많이 받고 있습니다."

남자는 등을 돌려 베니스의 법정 쪽으로 걸어갔다. 등 돌려 가는 남자의 혼잣말이 염라왕과 소크라테스의 귀에 들려왔다.

"듣고 보니 괜찮네. 영국에 돌아가면 당장 셰익스피어로 이름 바꿔야지⋯."

진술 6

같은 사건에서
상반된 판결이 나올 수 있다

형사와 민사의 차이

무죄 판결을 받은 O. J. 심슨이
왜 손해 배상을 해야 할까?

(증거의 우열과 확신!)

수신: 염라왕, 하데스.

연옥계의 재판관 자리를 새로 결정하기로 했음. 후보자는 염라왕, 하데스 두 사람임. 염라왕이 계속할 것인지, 아니면 하데스로 바꿀 것인지를 두 사람의 대결로 결정할 것임. 둘 중 이긴 쪽에게 연옥의 재판관 자리를 맡기겠음.

"젠장!"

염라왕은 천계로부터 온 공문을 사무실 소파에 던져 버렸다. 분을 누르기 힘들었다. 소문으로는 하데스가 지옥 근무에 대해서 계속 천계에 불평을 했다고 한다. 다시 연옥의 재판관 자리로 가고 싶다고 끈질기게 호소했던 것이다. '염라왕은 법률 실력이 떨어진다'며 온갖 모함을 했다. 하데스의 이의 때문에 천계는 시끄러웠고, 염라왕이 정말 실력이 모자라는 게 아니냐는 의견도 나왔다. 그래서 천계에서는 결국 두 사람이 대결을 해서 이긴 사람에게 연옥계의 재판관 자리를 주도록 결정했다는 것이었다.

"이게 말이 돼? 난 지옥계에서 500년이나 근무하다가 겨우 연옥계로 올라왔는데. 하데스는 연옥계에서 지옥계로 내려간 지 얼마 됐다고 이렇게 난리야!"

염라왕은 참지 못하고 자리를 박차고 일어나 사무실 안을 왔다갔다 했다.

"제가 봐도 좀 불공평하네요. 하데스님이 목소리 크다고 이런 식으로 하면….'

소크라테스가 염라왕 편을 들어 위로했다.

"하데스 녀석, 변사또한테 붙잡혀서 감옥 갔을 때 괜히 구해 줬어! 은혜도 모르는 인간 같으니라고!"

"근데 대결은 도대체 어떻게 한다는 겁니까?"

"법률 실력 대결을 시키겠다는군."

"설마 시험을 치르는 겁니까?"

"그건 아니고. 인간계의 재판에 들어가서 승부를 내라는 거야."

"무슨 재판입니까?"

"미국에서 일어난 사건인데. 뭐더라, 아, O. J. 심슨인가 하는 사람 사건이라는구먼."

"그래요? 대결 방식은요?"

"O. J. 심슨 재판이 두 개 있는데, 각자 하나씩 골라잡아서 들어가라는군. 이긴 사람 쪽에 연옥계의 재판장 자리를 주겠다고. 나야 뭐 이겨봤자 본전이지만, 그래도 지면 다시 지옥계 근무인데 그건 생각도 하기 싫어."

"어떤 사건이랍니까?"

"허허. 내가 자네한테 사건 설명을 할 날도 다 있군. 이야기해 주지.

흑인인 O. J. 심슨은 미식축구의 슈퍼스타였어. 부와 명예 모두를 가진 심슨은 아름다운 금발의 백인 아내 니콜과 결혼해 모두가 부러워하는 삶을 누렸지. 그런데 아내 니콜과 점차 사이가 틀어져 이혼을 하게돼. 그러던 어느 날 심슨의 전 아내 니콜이 칼에 찔려 숨진 채 발견되었지. 곧바로 심슨이 범인으로 지목되어 체포되었고. 그래서 재판이 열린거야."

"심슨이 니콜을 죽였다는 증거는 있습니까?"

"증거는 꽤 있나 봐. 현장에서 발견된 범인의 피, DNA가 심슨의 것과 일치했대."

"재판이 두 개라는 건?"

"형사재판과 민사재판이야. 심슨에 대한 형사재판 말고도, 살해당한 니콜의 가족들이 심슨한테 손해 배상을 요구하는 민사재판이 있는거지."

"심슨이 니콜을 죽였으면 결과는 뻔한 거 아닙니까. 둘 다 심슨이 지겠죠. 형사재판에서는 유죄로 될 거고, 민사재판에서도 니콜 쪽이 이길 거고."

"물론 그렇겠지. 천계에서도 심슨이 니콜을 죽인 게 맞다고 생각하는가 봐. 그런데 뭐랄까, 약간 증거가 부족하대. 그래서 심슨이 재판에서 이길지도 모른다고 그러는군. 그래서 재판도 바로잡고 연옥 재판관도 결정할 겸 해서 일종의 경기를 벌이기로 한 거지. 우리더러 재판에 참가해서, 재판에서 심슨을 이기라는 거야. 형사재판에서는 검사로, 민사재판에서는 니콜 편의 변호사로서 말이야."

소크라테스가 눈을 반짝 빛내며 물었다.

"염라왕님은 어느 재판을 맡게 되셨습니까?"

"나? 천계에서는 내가 그래도 현재 연옥계 재판관이니까 어느 사건을 골라잡을지는 우선권을 주겠대. 하데스도 뭐 그런 건 크게 신경을 안 쓰고 있어. 그러니까 내가 골라잡으면 돼. 아무 거나 되는대로 하지 뭐. 무슨 차이가 있겠나?"

"염라왕님. 민사재판을 선택하세요."

"뭐, 민사재판? 난 그래도 형사재판을 많이 했으니까 그쪽을 생각하고 있었는데."

"제 말을 믿으십시오."

염라왕은 물끄러미 소크라테스를 바라보다가, 책상을 탕 쳤다.

"그래! 난 자네는 항상 믿어. 뭔가 이유가 있겠지. 그럼 민사재판을 내가 맡기로 하겠네."

···

하데스 검사는 법정에서 미세하게 떨고 있었다. 그도 그럴 것이 심슨이 워낙 유명하다 보니 재판이 전 세계에 TV로 생중계되고 있었던 것이다. 염라왕과 소크라테스는 방청석에 앉아 숨죽이고 재판을 지켜보았다.

판사	하데스 검사. 피고인 심슨이 니콜을 죽였다는 증거는 있습니까?
하데스	심슨은 평소 가정 폭력이 심했습니다.
변호사	이의 있습니다! 그건 살인의 증거는 되지 못합니다.
하데스	가, 가만 좀 있으시오. 증거는 또 있습니다. 니콜의 살해 현장에서 심슨의 피가 묻은 장갑과 DNA가 발견되었습니다.
방청객들	오오.
하데스	(기가 살아서) 심슨은 경찰이 수사를 좁혀 오자 도주했습니다. 고속도로에서 추격전이 벌어져 TV로 생중계되기도 했습니다. 어떻습니까? 이 정도면 충분하지요? 어서 심슨에게 유죄 선고를 해 주십시오.
변호사	(벌떡 일어서며) 하. 지. 만.
하데스	뭐, 뭐요?
변호사	과연 그럴까요?

하데스	과연 그렇소!
변호사	심슨을 유죄로 단정 짓기에는 의심스러운 점이 많습니다.
하데스	의심은 무슨 의심!
변호사	심슨 사건을 수사했던 백인 경찰관은 인종 차별주의자입니다!
방청객들	웅성웅성.
하데스	말도 안 돼! 아, 아니 설령 그렇다고 해도 이 사건과 무슨 관계가 있소?
변호사	이 경찰은 범죄 현장에서 심슨의 장갑을 발견했다며 증거로 제출했습니다. 과연 이 장갑이 심슨의 것이 맞을까요? 피고인 심슨. 앞으로 나와 주십시오.

커다란 덩치의 O. J. 심슨이 법정 가운데로 성큼성큼 걸어 나왔다.

심슨	What's up? bro.
변호사	경찰이 발견했다는 이 장갑을 껴 주십시오.

심슨이 장갑을 껴보려 낑낑댔지만 도무지 들어가지 않았다. 장갑이 심슨의 손보다 훨씬 작았던 것이다.

변호사	어떻습니까? 이 작은 장갑이 이 큰 심슨의 것이 맞을까요?

인종 차별주의자인 경찰이 흑인인 심슨을 모함하려고 조작한 증거는 아닐까요?

방청객들 오오.

하데스 ….

방청석에서 재판 장면을 보고 있던 소크라테스가 옆자리의 염라왕에게 소곤거렸다.

소크라테스 하데스 검사님이 주장을 제대로 못하고 있는데요. 좀 답답하네요.

염라 무슨 주장을 할 수 있단 말인가.

소크라테스 지금 법정 안은 엄청나게 건조합니다.

염라 그래서?

소크라테스 저 장갑은 가죽 재질입니다. 이만큼 건조하면 가죽이 심하게 줄어듭니다. 그러니까 작아져서 심슨의 손에 안 들어갈 수도 있지요.

염라 그렇군.

법정에서는 막 심슨 변호사의 마지막 변론이 이어지고 있었다.

변호사 하데스 검사의 주장은 앞뒤가 들어맞지 않습니다. 앞뒤가 들어맞지 않는다면 당연히 무죄입니다.

검사와 변호사의 주장이 모두 끝났다. 잠시 후 판사는 판결을 선고했다.

판사   판결을 선고합니다. 심슨은 무죄입니다. 땅 땅.

방청객들   웅성웅성.

심슨   Good job, dude.

염라   놀랍군. 심슨이 설마 무죄를 받을 줄이야.

소크라테스   이럴지도 모른다고 생각은 했습니다.

염라   결과가 나온 뒤에 '이럴 줄 알았어' 하는 말은 나도 하겠네.

소크라테스   그런 게 아닙니다만….

염라   일단 발등에 불이 떨어진 건 나야. 이제 내 차례인데. 걱정이구먼. 심슨이 무죄라고 판결이 났는데 민사재판에서 무슨 수로 심슨을 이기나.

소크라테스   글쎄요….

염라   "글쎄요"라니. 그런 애매한 말이 어딨어.

소크라테스   일단 하데스 검사님한테 심슨에 대한 증거물을 다 달라고 하세요.

염라   그거야 그러겠지만, 그렇다 한들 무슨 소용 있겠나. 새로운 증거가 더 나오면 모를까….

소크라테스   염라왕님. 일단은 제 말대로.

염라   음. 알겠네.

    O. J. 심슨에 대한 민사재판이 시작되었다. 죽은 니콜의 가족이 심슨을 상대로 제기한 소송이었다. 물론 그 주장은, 심슨이 니콜을 살해했으니 배상을 하라는 것이었다. 니콜 쪽 변호사로 법정에 들어간 염라왕은 쿵덕쿵덕 뛰는 가슴을 꾹 눌러야 했다.

염라   이거 새로운 증거도 없고. 정말 대책 없구먼. 오늘은 심지어 방청석에 소크라테스도 보이지 않는군. 어딜 간 거야?

판사   니콜 쪽 변호사님 나오셨습니까?

염라   (화들짝) 예.

판사   욤라 변호사님이시죠?

염라   욤라가 아니라 염라요!

판사   오우, 쏘리. 욤라 변호사님.

염라   (젠장.)

판사   니콜 쪽 주장은 뭡니까?

염라   심슨이 니콜을 죽였습니다. 심슨은 배상하십시오.

심슨 변호사   (코웃음 치며) 안 죽였습니다. 그러니 배상할 이유 없습니다, 욜라 변호사님.

염라   '염라'라니깐!

판사	욤라 변호사님. 증거는 있습니까?
염라	(포기다) 있긴 있습니다만.
판사	그럼 내 주시죠.

염라왕이 서류 가방에서 증거를 주섬주섬 꺼내 놓았다. 지난번 형사 재판 때 하데스가 내놓았던 증거를 받아 온 거라 그때와 똑같았다.

심슨 변호사	쿡쿡.
염라	왜 웃으시오!
심슨 변호사	형사재판 때와 똑같잖습니까. 쿡쿡.
염라	웃지 마시오!
판사	새 증거는 없습니까? 욤라 변호사님.
염라	분하지만… 없습니다.
심슨	Oh! poor Yola.
염라	(저 인간이.)
심슨 변호사	쿡쿡.
염라	(확 패 버릴까.)

양쪽의 주장이 모두 끝나 재판은 마무리되었고, 마침내 판결을 선고 할 시간이 다가왔다.

판사	선고하겠습니다.
염라	(뻔하잖아. 차라리 귀를 막고 싶어….)
판사	니콜 쪽이 이겼습니다. 심슨은 니콜 가족에게 배상하십시오.
염라	뭐시라?
판사	심슨이 니콜을 죽인 것으로 인정합니다.
염라	뭐, 뭐시라!
심슨	What?
판사	욤라 변호사님, 이겼다는데 왜 그러시죠? 혹시 판결에 불만 있습니까?
염라	아, 아뇨. 그럴 리가요.

호텔에 돌아와서도 염라왕은 여전히 멍한 상태였다. 소파에 앉아 아이스크림을 맛나게 먹고 있던 소크라테스는 염라왕을 반기며 말했다.

"축하드립니다! 하데스님한테 이겼으니 연옥의 재판관으로 계속 일하시게 되었습니다."

"아직도 믿기지 않아. 내가 이기다니."

"이럴지도 모른다고 생각은 했습니다."

"또. 또. 결과가 나온 뒤에 '이럴 줄 알았어' 하는 말은 나도 하겠다니까."

"그렇지 않습니다."

"이것 참. 도무지 황당해서. 형사재판에서는 심슨은 무죄였어. 심슨이 아내를 죽이지 않았다고 판단한 거지. 그런데 민사재판에서는 심슨이 졌어. 심슨이 아내를 죽였다고 판단한 거지. 재판이 미친 거 아닌가?"

"수학적으로는 있을 수 없는 일이죠. 하지만 법에서는 가능한 일입니다."

"그게 어떻게 있을 수 있단 말인가?"

"형사재판과 민사재판의 원리가 다르기 때문입니다."

"원리가 다르다고?"

"민사재판은 두 사람이 다투는 것입니다. 한쪽이 이긴다면 반드시 다른 쪽은 지게 됩니다. 둘 다 이길 수는 없습니다. 맞지요?"

"그렇겠지."

"판사는 어찌됐든 누가 이기는지 결정을 해야 합니다. 확신이 없더라도요. 그럼 어느 쪽 손을 들어주어야 하겠습니까? 증거 재판이니까 당연히 증거가 더 많고 더 확실한 쪽을 이기게 해야겠지요?"

"그럴 수밖에 없겠지."

"민사재판에서는 증거가 더 나은 쪽이 이깁니다. 상대방보다 증거가 조금이라도 더 나으면 이기는 겁니다."

"증거가 완벽할 필요는 없단 거군. 상대방보다 낫기만 하면 된다, 이거 아닌가."

"그렇습니다. 민사재판은 두 사람 간의 다툼이니까요."

"형사재판은…?"

"아시다시피 형사재판에서는 '더 나은 증거' 정도로는 충분하지 않습니다. 합리적 의심 없는 증명이 필요한 거죠. '확신' 말입니다."

"그래, 그렇지."

"형사재판은 두 사람이 서로 니가 옳으니 내가 옳으니 싸우는 재판이 아닙니다. 어떤 사람이 죄를 저질렀느냐 아니냐를 판단하는 것이지요. 유죄냐 무죄냐에 따라서 감옥에 갈 수도 있고 풀려날 수도 있습니다. 한 사람의 운명이 걸린 재판인 만큼 최대한 신중하게 결정해야 합니다. 그래서 합리적 의심 없는 증명이라는, 확신을 줄 수 있는 높은 수준의 증명이 필요합니다."

"안다니까."

"심슨 사건을 볼까요? 먼저 민사재판에서는 어떻겠습니까? 심슨 쪽 증거가 많았습니까, 니콜 쪽 증거가 많았습니까?"

"당연히 니콜 쪽 증거가 많았지. 장갑을 빼더라도 현장에 심슨의 핏자국, DNA가 있었고, 심슨은 도망치기도 했어."

"그럼 둘 중 어느 쪽이 이겨야 할까요?"

"니콜 쪽이 이겨야겠지."

"예, 맞습니다. 그래서 니콜 쪽이 이겼습니다. 그 말은 심슨이 니콜을 죽였다고 인정했다는 뜻이죠. 그래서 심슨이 니콜 가족에게 큰돈을 물어 주도록 판결이 났습니다."

"그런데 형사재판에서는 그 정도 증거로는 안 된다는 거지?"

"맞습니다. 합리적 의심이 없을 만한 확신이 필요한데, 그렇지 못했던 겁니다. 심슨의 핏자국, DNA, 도망쳤다는 사실만으로는 좀 부족하다고 판단한 거죠."

"증거가 있지만 좀 어중간한 수준이었다, 그런 얘기로군."

"수치로 이야기하는 건 적절치 못하지만, 한 80퍼센트 정도의 증거가 있었다고나 할까요? 민사재판에서는 상대방을 이길 만큼만 필요하니 50퍼센트만 넘으면 됩니다. 그래서 니콜 쪽이 이겼습니다. 100퍼센트에 가까운 확신이 필요한 형사재판에서는 80퍼센트의 증거로는 모자랍니다. 그래서 심슨은 무죄를 선고받았습니다.

심슨의 변호사는 최종 변론에서 '앞뒤가 들어맞지 않습니다. 앞뒤가 들어맞지 않는다면 당연히 무죄입니다'라는 말을 했습니다. 그 말은 결국 '합리적 의심 없는 증명'에 이르지 못했다는 말을 다르게 표현한 겁니다."

"그럼 어쨌든 두 재판 중 하나는 판단이 틀린 거네? 사실은 하나니까 말이야."

"그렇지요."

"자넨 너무 당연하다는 듯 말하누먼. 머리로는 알아도 마음으로는 받아들이기 힘들어."

"이해는 합니다만… 그건 재판의 숙명입니다."

"말은 거창하군. 이래서야 재판 하겠나? 민사재판인지 형사재판인지에 따라서 결론이 달라지면…"

"염려 마십시오. 대부분은 민사재판과 형사재판의 판단이 같게 나옵니다. 심슨 사건 같은 건 드문 경우죠."

"…여하튼 자네 덕분이야. 민사재판을 골라잡는 바람에…."

...

연옥계로 돌아온 염라왕은 소크라테스를 사무실로 불렀다.

"부르셨습니까?"

"피로는 좀 풀렸나?"

"예. 집 근처에 좋은 찜질방이 있어서 푹 쉬다 왔습니다."

"하데스 소식은 들었나?"

"어떤 소식이요?"

"지난번 패배에 충격을 받았는지 지옥계로 복귀를 하지 않았다는군."

"그렇습니까? 지옥계 근무가 어지간히 싫었던 모양입니다."

"그 인간이 배가 불러서 그래. 명색이 지옥계의 왕인데, 대우가 나쁘지 않거든. 그동안 연옥에서 500년을 편안하게 살다 보니 지옥에 적응을 못한 거야."

"그러셨을 수도 있겠습니다."

"하데스는 잘렸어."

"옛? 복귀가 좀 늦었다고 천계에서 해고를?"

"복귀가 늦었을 뿐 아니라, 패배의 충격 탓인지 미국 라스베이거스에 들러 도박을 하다가 큰돈을 날렸대. 공무원으로서 품위를 지키지 못했다고 해서 해고당한거야. 그건 그렇고 내가 자네를 부른 건."

"예. 뭡니까?"

"하데스가 해고당해서 지옥계의 왕 자리가 비었잖는가. 천계에서는 마땅한 후임자가 없어 고민하고 있더군. 그래서 내가 자네를 추천하려 하는데, 어떤가?"

"지옥계의 왕… 말씀입니까?"

"그래. 어떤가?"

"저는 좀…."

"아니, 왜? 좋아할 줄 알았는데? 아무리 그래도 지옥계의 최고 책임자 아닌가? 젊은 자네라면 앞으로 얼마든지 승진도 더 할 수 있고…."

"그래도 사양하고 싶습니다."

"자넨 야심도 없나?"

"저는 그런 큰일을 맡을 만한 사람이 못 됩니다."

"무슨 소리! 하데스도 했던 일인데. 그리고 또 자네만 한 사람이 어딨다고…."

"…죄송합니다."

고개를 꾸벅하고 사무실을 나서는 소크라테스를 염라왕은 더 이상 붙잡지 못했다.

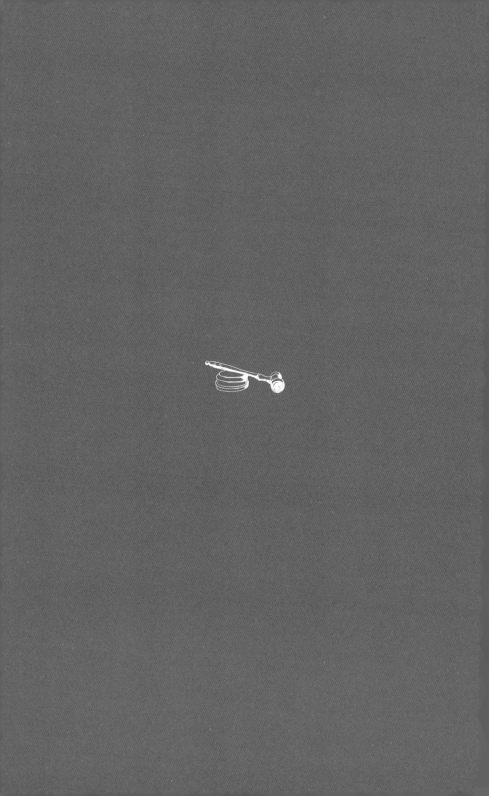

세상에서 가장 기묘한
재판의 결말

믿고 싶지 않은 증거,
믿어야 하는 증거

"오래간만에 연옥에서 재판을 하게 되는군. 욱 검사도 오랜만이오."

"예. 못 본 동안 신수가 더 훤해지셨습니다."

"미국 여행도 좀 하고 그랬지. 혼자만 여행 다니려니까 좀 미안하군."

"에이, 아닙니다."

"그래도 욱 검사 빼놓고 소크라테스 변호사하고만 자꾸 다니게 되었는데 섭섭하지 않은가. 본의는 아니었네."

"그런 말씀 하실 필요 없습니다. 제가 염라 판사님하고 소크라테스 변호사를 얼마나 좋아하는데요."

"그런가? 자네가 소크라테스 변호사를 좋게 생각할 줄은 몰랐네. 평소에 법정에서 서로 으르렁거리지 않는가."

"그거야 일 때문이고요. 실제론 사이가 좋아요. 좋은 사람이잖아요."

"그건 맞아. 얼굴도 잘 생겼고."

"그거야 다 성형발이죠."

"일도 열심히 하지 않는가."

"월급 주는데 일 안 하면 나쁜 놈이겠죠."

"(정말 사이가 좋을까?….)"

잠시 후 소크라테스 변호사가 법정에 들어섰다.

염라　　험. 그럼 준비되었으니 재판을 시작해야지. 피고인을 들어
　　　　오게 하시오.

법정 문이 열리고 피고인이 걸어 들어왔다. 염라왕은 눈을 휘둥그레
떴다. 폭포수처럼 늘어진 긴 머리카락이 어깨를 덮었고, 피부는 하얀
빛을 내뿜는 것 같았다. 좀처럼 보기 드문 미녀였다. 염라왕은 자신도
모르게 넋을 잃고 여성을 바라보았다. 여성은 스커트를 살포시 쓸어내
리며 피고인석에 앉아 곧은 다리를 가지런히 모았다. 흰 블라우스가 단
아한 미모를 더욱 돋보이게 했다.

염라　　피, 피고인의 (내가 왜 더듬거리지?) 이름을 말하시오.

여성	전 낙랑이라고 합니다.
염라	법정 경위. 피고인이 목이 마를지 모르니 물 한 잔 갖다 드리시오.
검사	염라 판사님, 평소에 안 하던 짓을… 피고인에게 물은 왜 갖다 줍니까?
염라	흠흠. 아니오. 근데 피고인 이름이 아주 예스러운 것 같소. 옷차림은 현대 여성이구면.
검사	오래된 사건 맞습니다. 저 여성은 연옥에서 오래 재판을 기다리면서 패션이나 화장이 바뀐 거고요.
염라	음. 사건을 설명해 주시오.
검사	피고인 낙랑은 물건을 부순 죄로 법정에 섰습니다.
염라	그깟 물건 좀 부수었기로 뭐 법정에까지 세운단 말이오?
검사	그 물건은 보통 물건이 아닙니다. 자명고라고 피고인이 살던 나라의 보물입니다. 외적이 침입해 들어오면 둥둥 울려서 경고해 주는 북입니다.
염라	그런 보물을 어쩌다가 부수었단 말이오?
검사	피고인은 낙랑이라는 나라의 공주였습니다. 이웃나라 고구려의 호동 왕자와 사랑하는 사이였고요. 낙랑에는 아까 말씀드린 자명고가 있어서, 적들이 쳐들어오기 전에 미리 울려서 경고해 주었던 탓에, 침략하기가 쉽지 않았습니다. 낙랑을 침략하려던 고구려의 왕자 호동은 낙랑 공주에게

자명고를 찢도록 시켰습니다. 낙랑 공주는 호동의 말에 따라 자명고를 칼로 북북 그어 찢어 버렸고, 그 덕분에 고구려는 쉽게 침입해서 낙랑을 점령했습니다. 이 사실을 알고 화가 난 낙랑 공주의 아버지는 칼로 낙랑 공주를 베어 버렸습니다. 그래서 연옥에 오게 된 것입니다.

염라   그 말이 맞다면 보통 사건이 아니군. 나라의 보물을 찢어 결국 멸망하게 되었으니 엄청난 중죄인데.

검사   그렇습니다. 유죄라면 아마 예전의 비슷한 예에 비추어 무기 징역 감이죠.

염라   거 참, 씁쓸한 이야기구먼. 피고인 낙랑. 이 말이 맞소?

낙랑   예. 다 맞습니다….

염라   첫인상이 참해서 좋게 봤더니만, 아주 철없는 아가씨였네.

낙랑은 눈동자가 빨개지더니 고개를 푹 숙였다. 눈물을 참고 있는 모양이었다. 이윽고 낙랑은 고개를 번쩍 쳐들었다.

낙랑   하지만 좀 사실과 다른 부분이 있어요. 실은 아주 많이 다르죠.

염라   무엇이오?

낙랑   호동 왕자가 저한테 자명고를 찢으라 한 게 아니었어요.

염라   그럼?

낙랑	제가 혼자 생각으로 그런 거예요. 호동 왕자님이 낙랑을 침략하려 한다는 걸 알고 있었거든요. 그래서 도울 생각에….
염라	뭐라고! 이 철없는 아가씨가 보자보자 하니까. 정말 남자한테 눈이 팔려서 제정신이 아니었구먼!
낙랑	죄송해요…(한 줄기 눈물).
염라	쯧쯧. 참 딱하기도 하오.
검사	이거 좀 이상한데…? 피고인 낙랑 공주! 우리가 조사한 바로는 호동 왕자가 시켜서 북을 찢은 것으로 되어 있습니다. 그렇지 않습니까?
낙랑	아니에요. 호동 왕자님은 그런 일 시킨 적 없으세요. 모두 제가 했어요.
검사	…쩝. 뭐 하여간에 이렇든 저렇든 피고인은 유죄니까. 더 묻지 않겠습니다. 염라 판사님, 피고인 낙랑 공주의 죄에 대해 판결을 선고해 주십시오.
염라	어린 처녀가 잠깐 잘못된 생각에 빠진 듯하군. 안 됐지만 어쨌든 죄는 죄. 판결을 선고….
소크라테스	잠. 깐. 만.
염라	그러시겠지. 뭐요, 소크라테스 변호사.
소크라테스	먼저 피고인 낙랑 공주에게 물어볼 말이 있습니다.
낙랑	저한테요? 물어보세요.
소크라테스	지금 피고인 말대로라면 낙랑 공주는 혼자서 모든 죄를 뒤

집어쓰게 됩니다.

낙랑 사실인걸요.

소크라테스 엄청나게 무거운 죄입니다. 공주는 무기 징역을 받을 수도 있어요.

낙랑 그래도 사실인걸 어떡해요.

소크라테스 알겠습니다.

염라 그럼 변론하시겠소? 빨리빨리 좀 진행합시다.

소크라테스 염라 판사님! 낙랑 공주가 자명고를 찢은 건 맞습니다.

염라 그런데?

소크라테스 호동 왕자가 시킨 것도 맞습니다.

염라 그럼 대체 무슨 할 말이 있는 거요?

소크라테스 호동 왕자는 낙랑 공주를 협박했습니다.

염라, 검사 뭐?

소크라테스 호동 왕자는 마음 약한 낙랑 공주를 상대로 겁을 주었습니다. 어차피 고구려가 이긴다. 자명고를 찢어라. 그러면 왕자인 내가 힘을 써서 부모님만은 살려 주겠다. 그러지 않으면 난 힘을 써 줄 수 없다. 다시 말해, 부모님은 죽는다, 이렇게요.

염라 으음. 그렇다면….

소크라테스 그렇습니다. 예전 재판에서 한 번 나왔었죠. '강요된 행위'. '기대할 수 없는 행위'입니다. 부모님을 죽이겠다는 협박을 해서 자명고를 찢게 했습니다. 북을 찢은 건 낙랑 공주의 자유로운 의지가 아니라 호동 왕자가 강요한 행동이었습니다. 낙랑 공주가 그 상황에서 북을 찢지 않을 것을 기대할 수 없었습니다.

염라 막시무스 재판에서와 같은 주장이군. 이거 복습하는 기분이야.

소크라테스 그렇습니다. 그가 무죄인 것과 마찬가지로 낙랑 공주도 무죄입니다. 유죄인 사람은 호동 왕자입니다.

검사 아닙니다! 아까도 밝혔듯이 제가 확인한 바로는, 낙랑 공주는 호동 왕자를 좋아해서 그냥 시키는 대로 한 겁니다. 협박은 없었습니다!

소크라테스 그렇지 않습니다.

검사 그럼 당사자인 피고인 낙랑 공주에게 물어보죠. 호동 왕자가 협박했습니까?

낙랑 아니에요. 협박은 없었습니다. 제 맘대로 저지른 거라니까요.

검사 그것 보십시오. 소크라테스 변호사님은 순 억지를 쓰는군요. 피고인 본인이 아니라고 하지 않습니까? 스스로 죄를 인정하고 있습니다.

소크라테스 하지만 피고인 말과 관계없이 사실은 밝혀져야 합니다.

검사와 소크라테스의 말싸움을 보다 못한 염라왕이 끼어들었다.

염라　　　소크라테스 변호사는 그 주장에 무슨 근거가 있는 거요?

소크라테스　분명히 있습니다.

염라　　　피고인이 자기 혼자 북을 찢었다고 하지 않소. 처벌받을 걸
　　　　　　감수하면서도. 만약 사실이 아니라면 도대체 피고인이 저
　　　　　　럴 이유가 없지 않소?

소크라테스　낙랑 공주는 호동 왕자를 감싸고 있는 겁니다.

염라　　　감싼다고?

소크라테스　호동 왕자가 시켰거나 협박했다고 하면 호동 왕자는 엄한
　　　　　　처벌을 받게 됩니다. 낙랑 공주는 호동 왕자만큼은 처벌받
　　　　　　지 않게 하기 위해 자기 혼자 했다고 뒤집어쓰려는 겁니다.

낙랑　　　(울먹이며) 아니에요.

염라　　　아니라는데? 소크라테스 변호사는 대체 무얼 알고 있는
　　　　　　거요?

소크라테스　낙랑 공주가 호동 왕자를 사랑하고 있다는 사실요. 그것도
　　　　　　혼자서 모든 죄를 안고 가려 할 만큼.

염라　　　뭐 좋아하기는 한 것 같소만….

검사　　　그래도 협박했다는 건 변호사님의 추측에 불과한 것 아닙
　　　　　　니까?

소크라테스　그럼 사실을 밝히기 위해 증인을 한 명 부르고 싶습니다.

334

허락해 주십시오.

염라   불러 봅시다.

소크라테스가 박수를 짝짝짝 쳤고, 법정 문이 열리면서 잘생기고 키가 훤칠한 양복 차림의 젊은 남자가 들어왔다. 낙랑은 남자를 힐긋 보자 형언하기 어려운 복잡한 표정에 사로잡혔다. 그러다 이내 그리움에 북받친 얼굴이 되더니 눈가가 새빨개졌다. 남자는 소크라테스의 안내에 따라 증인석에 앉았다.

염라   증인은 누구요? 피고인의 반응을 보니 대충 짐작은 가오만.

호동   제가 호동 왕자입니다.

염라   소크라테스 변호사. 이 증인이 무엇을 증언할 겁니까?

소크라테스   피고인 낙랑 공주가 자명고를 찢은 사건에 관한 진실입니다.

염라   진실이라.

소크라테스   예. 증인 호동 왕자 씨.

호동   예.

소크라테스   사실대로 말해 주십시오. 낙랑 공주가 혼자 북을 찢은 겁니까, 아니면 증인이 공주를 협박한 겁니까?

호동   제가 낙랑 공주를 협박했습니다.

염라, 검사 …(이거야 너무 딱 부러지니까 물어볼 것도 없군).

증인석에 나온 호동 왕자는 서슴없이, 단호하게 대답했다. 그러자 조용히 고개를 숙이고 앉아 있던 낙랑 공주가 버럭 소리를 질렀다.

낙랑 아니에요! 제가 호동 왕자를 위해서 스스로 찢은 거예요! 왕자님은 전혀 몰랐어요. 제가 혼자 그런 거라구요, 제가!

호동 아닙니다. 제가 협박했습니다. 부모님을 살리려거든 자명고를 찢으라고 겁을 주었습니다. 낙랑 공주는 가족을 살리기 위해 그랬던 겁니다. 그리고 전 그 약속만은 지켰습니다. 낙랑국이 멸망했지만 제가 나서서 낙랑 공주의 부모님만은 지켰습니다.

낙랑 아닙니다! 아니에요!

소크라테스 자, 자. 두 분 그만하시고. 증인 호동 왕자! 증인은 지금 자신의 증언이 얼마나 중대한지 알고 있습니까?

호동 압니다.

소크라테스 지금 증언대로라면 증인 호동 왕자가 자명고를 찢은 범인이 되는 겁니다. 낙랑 공주는 무죄가 되고.

호동 그게 사실입니다.

소크라테스 그리고 증인은 아마 다음 재판에서 무거운 벌을 받게 될 겁니다.

호동	그럼에도 불구하고 사실대로 증언하는 겁니다. 그러니 더 믿으실 수 있겠지요?
낙랑	아니에요…, 아니에요….
소크라테스	지금 염라 판사님도 보셨다시피, 낙랑 공주와 호동 왕자의 말이 완전히 다릅니다. 그리고 서로 죄를 다 뒤집어쓰는 쪽으로 이야기하고 있습니다.
염라	그럼 대체 누구 말이 맞는 거야? 서로 자기가 혼자 처벌받겠다고 나서고 있으니. 원, 참. 소크라테스 변호사, 다른 증거는 없소?
소크라테스	(씩 웃으며) 물론 있지요. 다른 증인을 두 명 더 부르고 싶습니다.
염라	또 증인이 있소? 어떤 증인이요?
소크라테스	예. 호동 왕자가 낙랑 공주 몰래 사귀었던 여자들입니다. 마침 여기 연옥에 와 있습니다.
염라	뭐?
낙랑	…뭐라고요? 그럴 리가….

소크라테스는 박수를 짝짝짝 쳤다. 법정 문이 열리면서 여자 두 명이 걸어 들어왔다. 선글라스를 머리 위로 걸친 한 명의 여자는 손에 담배를 들고 있었고, 한 명의 여자는 민소매 차림에 껌을 짝짝 씹고 있었다.

여자들	낙랑 공주님도 여깄네, 안녕? 오랜만. 방가방가.
낙랑	난 당신들 모르겠어요.
여자들	당근이지. 우리야 공주님 알지만.
소크라테스	증인 호동 왕자. 이 여자분들이 낙랑 공주 몰래 사귄 여자들 맞습니까?
호동	(고개를 푹 숙이며) …예. 맞습니다. 공주보단 이쪽이 더 섹시해서….
여자들	우후훗.
낙랑	아… 아….
소크라테스	여성분들께 묻겠습니다. 호동 왕자가 자명고 사건에 관해서 이야기한 적이 있었습니까?
여자들	뭐 오래 전이긴 하지만 이야기는 해 줬어염.
염라	거 이상한 말투는 좀 삼가 주시오.
여자들	저 늙은 오빠 구리다.
염라	뭐라고!
소크라테스	호동 왕자가 뭐라고 했습니까? 자세히 말해 주세요.
여자들	낙랑 공주를 윽박질러서 찢게 했다고 그랬어요. 공주가 맘이 약해서 주무르기 쉬웠다나요. 같이 새벽까지 술 마실 때였는데 아주 자랑스럽게 떠들어대던데요.

낙랑 공주는 여자들의 말이 이어지는 동안 시선을 피했다. 스커트

위에 가지런히 놓인 주먹 쥔 손이 부들부들 떨리고 있었다. 호동 왕자는 고개를 푹 숙이고 낙랑 공주 쪽을 쳐다보지 못했다. 눈꺼풀이 파르르 떨리고 있었다.

소크라테스 수고하셨습니다. 돌아가셔도 좋습니다.

여자들 (껌 짝짝) 염라 오빠, 우리 가도 돼?

염라 아이구 뒷골이야, 가도 되오.

소크라테스 어떻습니까? 분명히 호동 왕자가 협박했다는 말을 들었다는 증언이 나왔습니다.

염라, 검사 그래도 그것만으로는….

낙랑 공주가 고개를 퍼뜩 쳐들었다. 입을 앙다물고 눈이 새빨개져 있었는데, 눈물이 막 쏟아져 나오려던 조금 전의 모습과는 사뭇 달랐다.

낙랑 사실을 말하겠어요.

염라 하시오.

낙랑 호동 왕자님이 저를 협박한 게 맞아요. 부모님을 살리고 싶거든 북을 찢으라고 했어요.

염라 아니, 그럼 정말로….

낙랑 네. 분명한 사실이에요.

염라	…알았소.
검사	이의 있습니다!
염라	무슨 이의요?
검사	…으으으. 그냥 전체적으로 다 이의입니다!
염라	이의가 없겠지. 증인으로 나온 호동 왕자가 협박했다고 증언했고, 호동 왕자와 사귄 여자 둘도 증언했고, 마침내는 피고인 낙랑 공주도 협박당한 사실을 인정했소.
소크라테스	맞습니다. 낙랑 공주가 협박당했다는 건 움직일 수 없는 사실로 판명 났습니다.
염라	판결하겠소. 낙랑 공주가 나라의 보물 자명고를 찢은 건 호동 왕자가 강요한 행위이므로 무죄요.

낙랑 공주는 담담한 표정으로 일어섰다. 얼굴에는 눈물의 흔적 따윈 더 이상 서려 있지 않았다. 마치 동네 미용실에라도 왔다 가는 것처럼 무심한 모습이었다. 아무런 미련이 남지 않은 듯한 홀가분한 모습으로 법정을 또각또각 걸어 나갔다. 증인석에 앉은 호동 왕자 쪽으로는 눈길 한 번 보내지 않았다. 호동 왕자는 고개를 묻은 채 증인석에서 일어나지 않았다.

염라	증인 호동 왕자는 일단은 가도 좋습니다. 나중에 호동 왕자에 대해 자명고를 찢은 범죄로 재판이 있을 것이니 그때 다

시 봅시다. 아마 각오를 해야 할 거요.

호동 왕자는 그제야 힘없이 일어서서 터벅터벅 걸어 나갔다.

염라	이거야 원. 이런 일이 다 있나. 호동 왕자 이 인간. 여자를 철저히 이용했군. 하마터면 불쌍한 낙랑 공주가 다 뒤집어 쓸 뻔했어. 다들 수고했소.
검사	염라 판사님도 수고하셨습니다. 안녕히 들어가십시오.
소크라테스	….
염라	소크라테스 변호사. 안 나가고 뭐하시오? 법정에 뭐 떨어 뜨린 거 있소?
소크라테스	재판이 남았거든요.
염라	무슨 재판?
검사	소크라테스 변호사님. 오늘 재판은 끝났어요.
소크라테스	끝나지 않았습니다.
염라	안 끝났다고? 알았소. 그럼 피고인을 들어오게 하시오.
소크라테스	피고인은 이미 들어와 있습니다.
염라	어디?
소크라테스	염라 판사님 앞에요.
염라	무슨 소리요, 그게?
소크라테스	피고인은 접니다.

염라   웬 시답잖은 장난을….

소크라테스 장난이 아닙니다.

소크라테스는 법정 가운데로 뚜벅뚜벅 걸어 나오더니 금발 머리를 휙 벗어 던졌다.

염라   앗! 가발이었네. 원래는 검은 머리였구려.

소크라테스 전 소크라테스도 아닙니다. 소크라테스 순서를 가로채 재판을 받으면서 소크라테스인 척했습니다.

염라   대체 무슨 소릴 하는 거요?

소크라테스 제가 호동 왕자입니다.

염라, 검사 뭐시라!!

소크라테스 연옥에 와서 재판을 기다리는 동안 혹시라도 낙랑 공주와 마주칠까 봐 성형을 해서 코를 높이고, 금발 가발도 썼습니다.

염라, 검사 왜 그런 짓을…?

소크라테스 전 사랑하는 낙랑 공주를 수렁에 빠트렸습니다. 공주가 자명고를 찢어 준 덕에 낙랑국을 정복했지만 낙랑 공주는 죽었고, 전 남은 평생을 후회했습니다. 연옥에 낙랑 공주가 와 있었지만 전 차마 얼굴을 드러내지 못했습니다. 낙랑 공주는 저를 향한 마음을 버리지 않고 있었습니다. 혼자서 모든 죄를 떠안고 지옥의 감옥에 가려고 하더군요. 자기 혼자의 판단으로 자명고를 찢었으니, 호동 왕자는 죄가 없다고. 그렇게 법정에서 주장하려 한다는 걸 알게 되었습니다. 그렇게 놓아둘 수는 없었습니다. 그래서….

염라, 검사 그럼 왜 진작 재판을 받지 않고…?

소크라테스 하데스님 재판은 엉터리였습니다. 옳은 주장을 한다 해도 이상한 판결을 내릴 위험이 있었습니다. 그래서 판사님이 바뀌기를 기다렸습니다. 드디어 염라왕님이 새 판사로 오셨고. 전 소크라테스인 척하면서 법을 알려드렸습니다. '강요된 행위' 같은 것이요. 그래서 오늘 제대로 된 재판을 받을 수 있었습니다. 덕분에 낙랑 공주는 무죄로 풀려났습니다. 감사합니다.

염라 그럼 아까 법정에 들어온 호동 왕자는 가짜인 건가? 아니, 분명히 낙랑 공주가 그를 보고 호동 왕자라고 인정했는데… 아!

소크라테스 그렇습니다. 이제 눈치채셨군요. 그 사람은 호동 왕자가 맞습니다. 하지만 패럴렐 월드 지구β의 호동 왕자β이지요. 제가 염라왕님과 지구β에 갔을 때 호동 왕자β를 찾아서 부탁했습니다.

염라 지구β에 갔을 때 길거리에서 자네와 이야기하던 그 청년이었군.

소크라테스 그 역시 저와 마찬가지 마음이었기에 쾌히 인터월드 웜홀 기차를 타고 여기에 와서 증언대에 서 주었던 것입니다. 그는 지금쯤 다시 자기 세계로 가는 기차를 탔을 겁니다.

염라 그럼 자네가 사귀었다는 여자들은…?

호동은 힘없이 웃었다.

소크라테스 제가… 여자를 사귀어요…?

염라, 검사 가짜였군.

소크라테스 그럼 어서….

염라 무엇을?

소크라테스 제 재판을 하셔야지요.

염라 아….

소크라테스 지금 증언하고 법정을 나간 호동 왕자β는 우리 세계에서는 재판을 받지 않습니다. 우리 세계에서 재판을 받아야 할 사람은 접니다.

염라 자네….

소크라테스 이 재판을 정말 오래 기다렸습니다. 제 죄도 잘 알고 있고요.

염라 ….

검사 ….

염라	난 자네가 낙랑 공주를 협박했다는 건 절대로 믿지 않네. 자넨 낙랑 공주를….
소크라테스	증거대로만 판단하셔야지요. 염라 판사님. 여긴 법정이지 않습니까?
염라	낙랑 공주는 오늘부터 자넬 잊을 걸세.
소크라테스	알고 있습니다.
염라	휴우… 그대로라면… 처음에도 이야기했지만 죄가 너무나 무거워. 나라의 보물을 찢은 중죄야.
소크라테스	그것도 알고 있습니다.
염라	자네! 그건 알고 있나? 지옥계의 감옥이란 거….
소크라테스	어서 선고하십시오.
염라	….
검사	….
염라	피고인 호동 왕자를….
소크라테스	….
염라	무기 징역에 처한다.
소크라테스	감사합니다.
염라	감사라니… 자넨 지옥의 감옥에서 영원한 괴로움의 시간을 보내게 되었네….
소크라테스	글쎄요… 그동안의 후회보다 괴로울까요?

호동 왕자는 울듯 말듯한 표정의 염라왕을 향해 꾸벅 인사를 했다. 멍하게 서 있는 욱 검사에게도 가볍게 눈인사를 보냈다. 이어 무심한 표정으로 긴 그림자를 법정에 드리우며 천천히 걸어 나갔다.

세상에서 가장 기묘한 22가지 재판 이야기

성냥팔이 소녀는 누가 죽였을까

1판 1쇄 발행 2013년 9월 25일
2판 1쇄 인쇄 2024년 12월 18일
2판 1쇄 발행 2024년 12월 26일

지은이 도진기
펴낸이 고병욱

기획편집1실장 윤현주 **책임편집** 김경수 **기획편집** 한희진
마케팅 이일권 함석영 황혜리 복다은 **디자인** 공희 백은주
제작 김기창 **관리** 주동은 **총무** 노재경 송민진 서대원

펴낸곳 청림출판(주)
등록 제2023-000081호

본사 04799 서울시 성동구 아차산로17길 49 1010호 청림출판(주)
제2사옥 10881 경기도 파주시 회동길 173 청림아트스페이스
전화 02-546-4341 **팩스** 02-546-8053

홈페이지 www.chungrim.com **이메일** cr2@chungrim.com
인스타그램 @chungrimbooks **블로그** blog.naver.com/chungrimpub
페이스북 www.facebook.com/chungrimpub

ⓒ 도진기, 2024

ISBN 979-11-5540-244-3 03300

※ 이 책은 저작권법에 따라 보호를 받는 저작물이므로 무단 전재와 무단 복제를 금합니다.
※ 책값은 뒤표지에 있습니다. 잘못된 책은 구입하신 서점에서 바꾸어 드립니다.
※ 추수밭은 청림출판(주)의 인문 교양도서 전문 브랜드입니다.